Youxian Zijiegou Daona Gonglüliu Fangfa
有限子结构导纳功率流方法

盛美萍　王敏庆　著

西北工业大学出版社

【内容简介】 本书是作者在振动功率流研究方向上深耕 20 年积累的成果。全书在阐述振动功率流理论及其发展的基础上，针对结构尺度有限、连接方式多样、激励布局各异、边界支撑条件复杂等特点，给出等效模型建立和振动求解方法，并在书的最后，给出运用本方法解决船舶结构耦合振动分析、动力装置振动传递分析的参数化建模研究的两个应用实例。

本书可供振动与噪声专业研究人员参考，也可作为高等院校相关专业的研究生教材。

图书在版编目(CIP)数据

有限子结构导纳功率流方法 / 盛美萍，王敏庆著. —西安：西北工业大学出版社，2017.6
ISBN 978 - 7 - 5612 - 5417 - 2

Ⅰ. ①有⋯　Ⅱ. ①盛⋯ ②王⋯　Ⅲ. ①子结构法－导纳－功率流－研究　Ⅳ. ①U260.12

中国版本图书馆 CIP 数据核字(2017)第 134825 号

策划编辑：唐小林
责任编辑：李阿盟

出版发行：西北工业大学出版社
通信地址：西安市友谊西路 127 号　　　邮编：710072
电　　话：(029)88493844，88491757
网　　址：www.nwpup.com
印 刷 者：陕西天意印务有限责任公司
开　　本：787 mm×1 092 mm　　　1/16
印　　张：7.75
字　　数：178 千字
版　　次：2017 年 6 月第 1 版　　　2017 年 6 月第 1 次印刷
定　　价：58.00 元

序

应盛美萍教授之邀,为专著《有限子结构导纳功率流方法》作序,甚感荣幸也甚为惶恐。荣幸的是我有幸跟随两位老师多年,见证了老师在有限子结构导纳功率流方法研究与运用方面所开展的大量系统而深入的工作,并有幸参与其中,为实现老师的学术思想做了一点力所能及的工作;惶恐的是我作为科技战线的一名新兵,才疏学浅,难免措辞稚嫩。

老师治学严谨,秉持"宁静致远"的理念,一直深耕于结构振动与噪声控制领域,至今已有20余年。我虽在攻读硕士及博士学位阶段,基于有限子结构导纳功率流方法,研究了水下航行器中典型结构的等效机械导纳特性,并将其应用于船体结构振动与噪声预报,但认识仍有局限。这里仅就个人的学习与工作经历,谈一下对有限子结构导纳功率流方法的认识,不足之处敬请谅解。

最初接触振动与噪声控制这个学科,应该是在大四。彼时,我于结构模态、机械导纳等术语一概不知。老师从确定性功率流理论开始,带领我们迅速迈入了振动与噪声控制领域的大门,我也因此对导纳功率流研究产生了浓厚兴趣。机械导纳是结构振动特性的重要表征参数。每一个结构,都有其独特的导纳特性,譬如:单点力激励下,板的输入点导纳维持在某一稳定值附近波动,而圆柱壳体的输入点导纳则在环频以下随频率的升高而增大。这就犹如人的秉性,相同的环境下,不同秉性的人表现亦会不同。掌握了典型结构的导纳特性,对结构的振动响应特性将会有更深入的认识。

实际工程中,分析对象所受激励和产生的响应在空间分布上形式复杂,经典的机械导纳理论无法描述,而这正是有限子结构导纳功率流方法所擅长的。有限子结构导纳功率流方法犹如庖丁解牛一般,将工程中的复杂结构分解为有限的子结构,综合考虑激励的分布特性、子结构间的连接特点,根据能量守恒的原理,建立耦合振动方程,从而在本质上揭示结构耦合振动机理。在工程中,尤其是在产品初步设计阶段,运用该方法能够快速预报结构的振动响应,且便于开展局部特征参数分析,有助于声学优化设计。我在攻读博士学位期间,曾用此方法对船体耦合结构的振动噪声进行了预报。实践表明,有限子结构导纳功率流方法是解决振动噪声问题的有效方法。

今年,老师决定将有限子结构导纳功率流方法提出并对20年来的研究成果正式整理出版,我们这些弟子甚感高兴。作此序,以示祝贺,也表达我们对老师倾心培养的感激之情。

赵芝梅[*]

2017 年 5 月

---

[*] 赵芝梅,女,博士毕业于西北工业大学,师承盛美萍教授,现工作于中国航发商用航空发动机有限责任公司,主要从事民用航空发动机振动设计与抑制、航空发动机降载设计等工作。

前　　言

有限子结构导纳功率流方法是研究复杂结构振动特性的一种方法,是在对振动问题进行研究的过程中,借鉴统计能量分析方法相关概念,并在导纳功率流方法基础上进一步发展而形成的一种振动分析方法。它结合了机械导纳的概念以及子结构划分的思想,通过对复杂耦合结构进行子结构划分来建立模型,并将各子结构的机械导纳作为表征参数,对耦合结构中的振动传递特性进行求解,具有表达形式简明、求解过程高效等显著特点。它在一定程度上解决了有限元方法在高频网格数量太大以及统计能量分析方法在低频模态密度不足等问题,因此得到了广泛的关注和深入的研究。

有限子结构导纳功率流方法发展到现在,在基础理论研究层面已经较为成熟,在工程应用层面已经起步,可以预期在工程领域将会有很好的应用前景。然而目前国内还尚未出现关于有限子结构导纳功率流方法的著作,因此本书的出版将在一定程度上弥补这方面的不足。本书是笔者在振动功率流研究方向上深耕近20年积累的成果。自2000年盛美萍博士学位论文《复杂耦合系统的统计能量分析及其应用》获第二届全国优秀博士学位论文以来,研究团队提出了有限子结构导纳功率流方法,并一直坚持发展和运用有限子结构导纳功率流方法,取得了一些关于有限子结构导纳功率流方法的研究成果,现将这些研究成果归纳整理成著作出版,以期对振动领域的研究人员与工程技术人员有所帮助。

课题组以赵芝梅博士、张安付博士、韩飞博士为代表的一批年轻人在前期参与了书中相关内容的研究工作,并在撰写过程中提供了帮助;博士生郭志巍参与了全书统稿工作;张华栋同学参与了部分校稿工作。笔者衷心感谢以上人员对本著作的贡献。本书的研究工作得到国家自然科学基金项目(50375121,59805013)和预研计划的资助,在此表示诚挚的感谢。

笔者衷心希望本著作能够对科研工作者及工程技术人员有所帮助。但由于水平有限,书中难免有不足之处,在此热忱希望各位专家和读者批评指正。

著者
2017 年 4 月

目 录

第 1 章 绪论 ·· 1
  1.1 结构振动研究方法概述 ··· 1
  1.2 子结构导纳功率流方法研究现状 ······································ 3
  1.3 子结构导纳功率流方法发展前景 ······································ 5

第 2 章 机械导纳功率流基本概念及方法 ·································· 6
  2.1 机械导纳与导纳功率流 ··· 6
    2.1.1 经典机械导纳与导纳功率流 ······································ 6
    2.1.2 等效机械导纳 ·· 10
    2.1.3 机械导纳计算 ·· 13
  2.2 有限子结构复杂耦合系统的等效分析 ······························· 16
    2.2.1 连接方式系数 ·· 17
    2.2.2 非保守耦合系数 ··· 18
    2.2.3 间接耦合系数 ·· 20
    2.2.4 层面分析方法 ·· 22
  2.3 本章小结 ·· 24

第 3 章 弹性板结构等效机械导纳 ·· 25
  3.1 匀质板等效机械导纳 ··· 25
    3.1.1 机械点导纳特性 ··· 25
    3.1.2 等效机械线导纳 ··· 28
  3.2 加筋板等效机械导纳 ··· 32
    3.2.1 周期理论模型 ·· 32
    3.2.2 各向异性等效模型 ·· 36
  3.3 复杂激励下加筋板等效机械导纳 ···································· 38
    3.3.1 设备安装点与衔接线之间的等效机械导纳 ··················· 38
    3.3.2 衔接线之间的等效机械导纳 ···································· 39
  3.4 本章小结 ·· 40

第 4 章 弹性圆柱壳结构等效机械导纳 ···································· 41
  4.1 匀质圆柱壳等效机械导纳 ··· 41
    4.1.1 机械点导纳 ·· 41
    4.1.2 等效机械线导纳 ··· 43

4.2 加筋圆柱壳等效机械导纳 ·· 44
   4.2.1 周期理论模型 ··· 44
   4.2.2 各向异性加筋壳等效模型 ·· 48
   4.2.3 机械导纳特性对比分析 ··· 50
4.3 流体负载下加筋圆柱壳等效机械导纳 ··· 51
4.4 复杂激励下加筋圆柱壳等效机械导纳 ··· 53
   4.4.1 轴向分布线激励 ··· 53
   4.4.2 周向分布线激励 ··· 54
4.5 本章小结 ·· 55

第 5 章 弹性边界约束下结构耦合振动 ·· 57
5.1 弹性边界表征方法 ·· 57
5.2 弹性约束多段梁耦合振动 ·· 60
   5.2.1 弹性约束多段梁理论模型 ··· 60
   5.2.2 弹性约束多段梁模态及响应算例 ································ 63
   5.2.3 弹性约束多段梁振动响应测试 ····································· 66
5.3 弹性约束加筋板振动分析 ·· 67
   5.3.1 弹性约束板基础理论 ·· 67
   5.3.2 弹性约束加筋板耦合振动理论 ···································· 69
5.4 本章小结 ·· 74

第 6 章 板-壳耦合结构振动传递分析 ·· 75
6.1 加筋板壳耦合结构导纳功率流 ·· 75
   6.1.1 多源激励下加筋板壳刚性连接结构耦合振动方程 ············ 75
   6.1.2 单点激励下加筋板壳结构弹性连接模型 ······················ 76
   6.1.3 各子结构的等效机械导纳 ··· 77
   6.1.4 多源激励分布特性对耦合结构振动特性的影响 ·············· 78
   6.1.5 连接刚度对加筋板壳耦合结构振动传递特性的影响 ········· 80
6.2 水下两端封闭加筋板壳耦合结构导纳功率流 ·································· 83
   6.2.1 耦合振动方程 ·· 83
   6.2.2 子结构的等效机械导纳 ··· 86
6.3 本章小结 ·· 89

第 7 章 动力系统振动传递参数化建模 ·· 90
7.1 摆盘发动机子结构耦合建模 ··· 90
   7.1.1 子结构划分及激励载荷分析 ······································· 90
   7.1.2 子结构耦合振动理论建模 ··· 91
7.2 辅机与连接件的等效机械导纳模型 ··· 95
   7.2.1 辅机子结构等效建模 ·· 95
   7.2.2 隔振圈子结构等效建模 ··· 96

7.3 本章小结 ·· 100

附录 ··· 101

 附录 A　经典结构的输入导纳和传递导纳 ··· 101

 附录 B　复杂耦合结构导纳参数表达式 ··· 103

参考文献 ··· 108

第1章 绪　　论

1.1　结构振动研究方法概述

　　机械振动由结构运动部件的振动、碰撞、冲击、脉动等原因引起,以机械波的形式在结构之间传播,并导致结构向周围辐射噪声。对于工程机械设备来说,剧烈的振动及强大的噪声会造成机械设备的疲劳破坏,不仅影响环境,还会影响工作人员的身体健康及工作效率。对于汽车、火车、飞机等交通运输工具,振动与噪声过大会导致运输工具安全因数降低,容易发生安全隐患,同时也会降低乘客乘坐舒适度。对于精密设备,在受到振动和噪声的影响后,其稳定性能和工作精度会大大降低,影响其工作性能。此外,在军用领域,例如水下武器装备,过大的振动和噪声不但影响自身机械电子设备的正常工作,还会降低自身的隐蔽性,从而大大降低作战性能。因此,无论是对民用设备还是对军用装备,结构振动和噪声的控制都是科研领域学者以及工程领域人员历来所关心的问题。

　　对结构振动和噪声的控制离不开对结构本身固有振动特性的建模与研究。结构振动特性的研究一般可以归结为两类研究方法:解析方法和数值方法。解析方法需要首先将复杂的结构简化为适用于变量分离且具有正交曲线坐标的规则结构,如梁[1]、板[2]、柱壳[3]、锥壳[4-6]、球壳[7-8]及其组合结构,进而基于弹性理论采用波动法[9]或模态展开法[10-11]建立简化后规则结构的耦合振动方程,在此基础上可采用积分变换等方法求解结构的振动或声辐射特性。这种方法有助于从物理意义上理解结构振动的特征和规律。

　　在解析法的研究中,由于梁、板、圆柱壳等典型结构是实际工程中最为常见的结构类型,在航空、航天、船舶、建筑、运输等各个领域都有着极为广泛的应用,国内外学者采用解析方法针对典型结构的振动与噪声问题开展了大量的研究工作。梁的结构形式相对简单,关于梁振动问题的经典理论模型主要分为四种[12-13]:Euler-Bernoulli 梁模型,最早由 Euler 于 1750 年提出,成功解决了工程中大部分梁的振动问题;Rayleigh 梁模型以及 Shear 梁模型,分别考虑了梁横截面转动以及剪切变形的影响;Timoshenko 梁模型,同时考虑了上述两种变形。后来的研究者建立了更为复杂的梁模型,比如变截面梁[14-15]、具有任意分布形式弹簧质量的梁[16]等,进一步推动了经典梁理论在工程实际中的应用。在板结构的振动特性研究方面,根据结构厚跨比的不同,工程中采用的经典理论主要包括 Kirchhoff-Love 薄板理论[17]、Reissner 中厚板理论[18]和 Mindlin 中厚板理论[19]等。随着研究的不断深入,板模型的复杂程度逐渐增大,由最初经典理论中的各向同性矩形板[20],拓展到加筋板[21-29]、特殊形状板结构[30-31],板的面内振动也逐渐纳入研究者的视线[28, 32-33]。在圆柱壳的理论模型中,最为人熟知且在工程中应用最为广泛的是 Love 薄壳理论[34]。在此基础上,研究者又陆续发展了多种薄壳近似理论,包括 Donnell 薄壳理论、Flügge 薄壳理论、Sanders 薄壳理论等,并针对加筋圆柱壳[35-36]、多层复合材料圆柱壳[37-43]以及流体负载作用下圆柱壳的振动声辐射问题[44-49],开展了大量的研究工作。

解析方法能够深刻揭示结构振动问题的本质,在参数影响规律分析及优化设计方面有着天然的优势,但其更适用于具有正交曲面的规则结构的振动建模分析。随着机械制造技术的不断发展,工程中的实际结构日趋复杂,往往无法获取实际结构振动模型的解析表达式。除了解析方法,另外一种研究结构振动特性的方法是数值法。在工程应用中,解决结构振动问题常采用的数值方法主要包括有限元方法、边界元方法、统计能量分析方法以及有限元统计能量混合方法、能量有限元方法等。

有限元方法将复杂结构离散为一系列单元,通过良好的数值模拟给出高精度的数值结果,适合计算机计算。以结构表面的振动响应作为边界元方法的输入条件,可进一步对流体负载作用下的结构声辐射问题进行求解,FEM/BEM方法已成为解决复杂结构振动问题的重要手段[50-56]。原则上,有限元和边界元混合方法可以处理任意结构的振动与声学问题。然而,在实际应用中,为了满足计算精度,有限元方法的计算量会随模型复杂程度以及分析频率的升高急剧增大,且有限元方法在处理黏弹性结构[57-59]时存在一定困难。综合以上原因,有限元和边界元混合方法常用于小阻尼结构在低中频段的振动和声学特性分析。

统计能量分析方法是在20世纪60年代初期最早由Lyon和Maidanik[60-61]提出用以解决结构振动与噪声的分析方法。该方法利用模态密度、内损耗因子和耦合损耗因子等统计参数来描述系统的能量关系,能够对复杂结构的动态特性进行模拟和预测[62],是解决结构高频振动噪声问题的一种有效方法,被广泛应用于航空、航天、船舶等多个领域。统计能量分析方法的显著特点是利用了统计的概念,结构模态数越密集,统计能量分析参数之间的统计特性越显著,在有限元方法不适用的高频段有着较高的分析精度[63-64]。但是,经典统计能量分析方法的计算精度很大程度上取决于结构在分析频段内的模态密度[65-67]。在较低分析频段内,将因结构模态密度过低影响计算精度。统计能量分析方法需要获知子结构间的耦合损耗因子[68-70]等参数,因而主要用于能够获得相关参数的耦合结构在中高频的振动与噪声分析。此外,统计能量分析方法预测的是结构的平均响应,无法考虑子系统上激励不均匀的情况。

近些年出现的有限元-统计能量分析(FE-SEA)混合方法[71-72],其基本原理是对模态密度较小的子结构采用有限元方法建模,对模态密度较大的子结构采用统计能量分析方法建模,根据能量平衡关系进行求解,为复杂耦合结构的宽频振动特性研究提供了一种新的思路。

能量有限元方法是在1989年由Nefske和Sung[73]提出的利用有限元方法求解能量流方程的结构振动与噪声分析方法,是一种求解结构高频振动和声场的解析方法。此方法的主要变量为一个周期内的时间平均能量密度和一个波长内的空间平均能量密度。通过建立能量密度控制方程[74-75],并利用有限元方法进行求解,获得各位置处的能量密度。能量有限元方法的一个显著优点在于能够描述结构的局部阻尼特性,可以通过修改结构的阻尼分布特性来控制结构的振动和声学特性。

随着计算机技术的不断革新,计算机的数据处理能力突飞猛进,ANSYS、COMSOL、VA One、Virtual Lab等数值分析软件也在不断升级与完善,极大地推动了结构声振特性的研究。虽然数值预报方法在原则上可以处理任意结构的振动与声辐射问题,但在实际应用中,各种数值预报方法也都存在着自身的局限性。例如,有限元方法的计算量会随频率的升高急剧增大;边界元在处理结构声振问题时,需要将弹性边界作为输入条件;统计能量分析方法无法预测系统中局部位置的响应,也不能考虑子系统上激励不均匀的情况;能量有限元方法只适用于小规模模型计算等。

1.2 子结构导纳功率流方法研究现状

子结构导纳功率流方法是由统计能量分析方法引出并独立发展起来的一种振动分析方法,它结合了机械导纳[76-79]的概念以及子结构划分[80-81]的思想,通过对复杂耦合结构进行子结构划分,并将各子结构的机械导纳作为表征参数,对耦合结构中的振动传递特性进行求解,具有表达形式简明、求解过程高效等显著特点。

深入了解复杂耦合系统中结构之间的振动能量分配和传递规律,是实施有效的减振降噪措施的前提,也是结构声学设计的重要基础。从理论上讲,利用Green函数可以解决任意形状结构的振动分析问题[82],然而由于实际结构及其边界条件的复杂性,对复杂结构通常难以给出振动问题的Green函数解。为了获得同类结构的振动特性的解析表达式,从而有效地指导结构声学设计,研究者们通常采用求解运动方程的办法,并已经在有限梁、有限阻尼梁、有限板等结构的振动功率流特性研究方面取得重要进展[83-87]。导纳功率流是振动功率流研究的重要方向,导纳(或阻抗)是其中的重要参数。

经典机械导纳的概念由Firestone[76]于1938年首次提出,最初被用于单点连接隔振系统的研究。Rubin[78-79]采用由经典机械导纳所组成的传递矩阵,研究了多点连接隔振系统的隔振特性。为便于描述与分析,O'Hara[88]进一步定义传递矩阵对角线上的元素为输入导纳,非对角线上的元素为传递导纳,这一定义被国内外学者普遍接受与采用。在此基础上,Cuschieri[84, 89-90]最早提出了子结构导纳法,用于L形耦合板振动问题的研究。他采用模态叠加法推导了耦合板弯曲振动输入导纳和传递导纳的表达式,根据输入功率、传递功率与机械导纳的关系,给出了弯曲振动能量在耦合结构中的传递特性;他还进一步将各子板的面内纵向波和剪切波考虑在内,研究了L形耦合板之间各种波形的能量传递和转换。Cuschieri的研究方法极大地启发了后来的研究者。Pavic[91]运用子结构导纳方法研究了梁、板耦合系统中的能量传递特性,并深入分析了结构损耗因子对结构间能量传递的影响。Lee[92]以线导纳为表征参数,研究了内部含有铺板的圆柱壳耦合结构的振动特性,分析了铺板的材料特性对耦合振动特性的影响。上述学者的研究工作为复杂耦合结构振动问题的研究提供了重要参考。

国内,西北工业大学机械振动与噪声研究团队提出了有效子结构导纳的概念[93-94],解决了点线连接系统、非保守耦合系统以及间接耦合系统的功率流传输问题,推动了功率流理论的发展。团队在研究过程中,使用有效导纳功率流法研究了圆柱壳结构的振动传递特性,相比有限元等传统数值分析方法,计算效率得到了大幅提升[95-96]。在此基础上,研究了加筋板、加筋圆柱壳的分频段等效机械导纳模型,为复杂结构的等效建模提供了一种新的思路[97-98]。进而建立了复杂船体结构的等效机械导纳模型,分析了激励分布形式、结构参数等因素对结构振动传递和声辐射特性的影响,为船体机械噪声预报及减振降噪设计提供了重要参考[99]。并且使用子结构导纳法建立了水下装备的动力系统振动传递模型,解决了动力系统振动参数化建模问题,为水下装备的声学设计提供了理论支撑[100]。

使用子结构导纳功率流方法研究复杂耦合结构的振动特性,离不开对结构边界条件的讨论,不同边界条件下的导纳特性亦不同,不同的边界条件还对应不同的机械波传播模式。边界条件对耦合结构在模态较丰富的高频段的导纳特性影响较小,而对模态较稀疏的低频段则影响较为显著。振动响应曲线的峰值在低频处对边界条件特别敏感。针对这个问题，国内外学者对一般边界条件下部分典型结构以及同类型耦合结构的振动问题进行了研究。美国韦恩州立大学李文龙研究团队[101-103]率先提出了一种改进的傅里叶级数方法，使弹性约束边界条件能够得到精确描述。他基于传统梁位移表达式为三角函数与双曲函数组合形式的缺陷，引入一种改进的傅里叶级数形式对梁的振动位移函数进行表征，梁位移被表达成单重余弦级数与增补函数的组合形式，克服了传统梁位移函数表达式在处理某些弹性约束边界时计算误差较大的缺陷。这一方法被国内外学者广泛借鉴。杜敬涛[104-105]进一步研究了弹性约束边界条件下矩形板的面内振动，并充分考虑面内振动与弯曲振动的耦合，构建了任意角度 L 形耦合板的振动分析模型。薛开[106]在研究弹性约束边界耦合板的振动问题时，将板的面内振动位移函数及弯曲振动位移函数，均表示为二维傅里叶余弦级数与四项辅助的单傅里叶级数的组合。马旭[107]采用该方法建立了两端弹性约束边界条件下单段圆柱壳结构的振动分析模型，对径向点力作用下圆柱壳任意位置处的振动响应进行了求解与分析。此外还有其他学者研究了环扇形板、T 形耦合板以及正交各向异性圆柱壳等结构的弹性约束边界条件处理方法和非均匀弹性约束边界条件下单段圆柱壳的振动特性[108-111]。

当研究对象变为由多个不同类型典型结构组合而成的复杂耦合结构时，如板壳耦合结构等，其对应的边界连续方程将变得极为复杂，采用传统解析方法进行求解遇到困难。本团队[112]采用子结构导纳法研究多跨耦合板的振动问题时，结合简支边界条件下板结构位移函数的特殊形式，将单点激励力和子结构间的耦合弯矩的表达式设为傅里叶级数的形式，求解过程中消除了边界连续方程中的空间坐标项，进而获取了耦合边耦合弯矩的空间分布特性。Wang[113-114]采用子结构导纳方法研究了 L 形耦合板以及板壳耦合结构的振动问题。他根据分析频率将线耦合边界离散为一系列点连接，针对各子结构每一个离散点分别建立边界连续方程，并通过逐点求解获取各耦合边界处的作用力。随着分析频率的提高，需要不断增加离散点的数目以保证计算精度。

为了解决子结构间复杂连接形式给建模分析带来显著不便的问题，研究者不断拓展与丰富了机械导纳理论。Petersson[115-116]在经典机械导纳定义的基础上，最早提出了有效点导纳的概念，并给出了多点激励、多点连接耦合结构之间功率流传递问题的解决思路。Hammer[117-119]将有效点导纳的概念进行延伸，采用复功率流和有效点导纳法的思想，发展了条状导纳（线导纳）的概念。Dai 等人[120-123]进一步将机械导纳的定义拓展至二维面导纳，计算了无限大板上矩形区域内受同相位分布力激励时的面导纳。本团队[124]在圆柱壳耦合结构振动特性的研究中引入了线导纳的概念，即线分布力作用下在线连接处产生的振动响应，并将线分布力与线连接处重合情况下的线导纳定义为有效线导纳。进而本团队[99,125]根据能量守恒原理，提出了等效机械导纳概念，研究了线连接情况下板壳耦合结构的振动传递特性以及振动响应空间分布特性，并通过艇壳缩比模型的振动与声辐射试验验证了该方法的正确性。

综上所述，几十年来研究者主要从激励/响应的空间分布特性（多点激励、条状激励、面激励等）、动力学特性表征方式（振动速度、能量表征等）、频域特性（频点响应、频带平均响应）以及有效导纳、能量导纳、交界面导纳等多个方面对子结构导纳理论及应用进行了研究。有限子结构导纳功率流方法经历数十年的快速发展，在结构振动分析[126-128]、振动控制[129-131]等研究领域得到了日益广泛的应用，目前已经逐渐成为一种解决振动问题的较为成熟的方法，值得工业界广泛关注。

1.3 子结构导纳功率流方法发展前景

经过数十年来广大研究者们的一致努力,有限子结构导纳功率流方法基本理论已经较为成熟。目前,在研究领域已经形成了较为清晰的经典导纳、等效导纳等基本概念;获取梁、板、壳等各种典型结构导纳特性的方法已渐为成熟;连接方式系数、非保守耦合系数以及间接耦合系数的提出使得子结构与子结构之间耦合分析变得更为方便;此外,以层面分析法为代表的子结构耦合指导思想也逐渐趋于完善。

在工程领域,本团队已开始应用有限子结构导纳功率流方法。我们[99]将该方法应用到了船舶工程领域,使用该方法研究了水下航行器缩比模型在水下的振动声辐射预报问题。研究中,水下航行器缩比模型被简化为圆柱壳、铺板、隔板、加强筋等各种子结构,并将铺板与壳体间的弹性连接结构等效为弹簧模型,将其作为子结构间的弹性连接边界反映在耦合振动方程中,考虑了连接边界刚度对于结构振动传递特性的影响。使用等效机械导纳的概念解决了复杂激励、复杂子结构连接下耦合结构的振动传递建模问题,并分析了激励分布形式、结构参数等因素对结构振动传递和声辐射特性的影响,为水下航行器机械噪声预报及减振降噪设计提供了重要参考。此外,本团队[100]将有限子结构导纳功率流方法拓展到了水下装备动力系统中,建立了水下装备动力系统的振动传递模型,解决了动力系统振动参数化建模问题,为水下装备的声学设计提供了理论支撑。在研究中,将动力系统划分为汽缸体、摆盘箱箱体、摆盘箱端盖、燃料泵、海水泵、滑油泵、海水管、隔振圈、主机壳体、辅机壳体以及隔振圈等多个子结构,并分别对各子结构在振动特性上进行合理简化,简化为可解析的梁、板、壳、质量块等典型结构。在此基础上建立了动力系统复杂耦合结构的振动传递模型,为水下装备动力系统振动与声学特性的优化提供了参数化建模基础。可以预期,在工程领域,有限子结构导纳功率流方法有望扩展到更广泛的工程应用中。

在不断的应用过程中,有限子结构导纳功率流方法也遇到新的问题与更多的挑战。首先是子结构的简化建模问题。一个复杂的工程结构在经过子结构划分后,子结构往往仍然比较复杂,而并非常规意义上的典型可解析结构。此时需要根据该复杂子结构的固有振动特性进行简化,简化为可解析的典型结构,这样才能最终建立耦合振动方程。此时,需要研究者具有较好的振动领域知识,以获得合理简化。若简化不合理,则最终结果误差将会比较大,甚至会得到错误的结果。因此,对于如何将各种复杂子结构进一步简化为可解析的子结构是有限子结构导纳功率流方法进一步发展的重要方向。

第 2 章　机械导纳功率流基本概念及方法

通常,机械导纳(简称为导纳)被简单地理解为"机械阻抗的倒数"。近年来,各个领域中理论相互影响、渗透与吸收,导纳也吸收了自动控制理论中传递函数的概念[132],使研究者对导纳特性的理解进一步深化。最初的导纳可译为"receptance",意为"能被接受的",但当它与传递函数相联系时,导纳逐渐向"mobility"过渡,意为"迁移率,机动性",从这种改变可以发现导纳已经有了更为丰富的含义。

利用导纳和阻抗的关系,不需要测试或计算结构上各处的响应,只要对激励点的数据进行测量,就可以得到结构的能量特征参数以及损耗因子。因此,导纳的引入,大大简化了对系统动态响应特性的研究。

2.1　机械导纳与导纳功率流

2.1.1　经典机械导纳与导纳功率流

经典机械导纳理论主要用于分析线性系统在外界稳态简谐激励下的振动响应,主要参数包括原点导纳和传递点导纳。它只能反映单个结构在广义力单点激励下的广义振动响应程度,是一个由结构本身特性决定的量。这里广义力可以为不同方向的力和力矩等,广义振动响应则可以为不同方向的速度和角速度等。

2.1.1.1　机械导纳

单自由度系统是最基本的振动系统。虽然实际结构均为多自由度系统,但对单自由度系统的分析能更好地揭示振动系统的本质特性。进而通过线性叠加的原理,单自由度系统可扩展到多自由度系统中。对单自由度振动系统进行分析,不但可以得到导纳和传递函数的结构表达式,还可以对振动系统的一些参数有明确的认识。

对黏性阻尼系统,假设其阻尼力与振动速度成正比,方向与速度相反,即

$$f_d = -C\dot{x} \quad (2-1)$$

其中,f_d 为阻尼力;C 为阻尼系数;$\dot{x}$ 为振动速度。系统的受力模型图如图 2-1 所示。

其运动微分方程为

$$M\ddot{x} + C\dot{x} + Kx = f \quad (2-2)$$

其中,M 为物体的质量;K 为物体的弹性刚度;位移 x 及力 f 均为时间 t 的函数。

对于自由振动来说,$f=0$,则自由振动的微分方程表达式为

$$M\ddot{x} + C\dot{x} + Kx = 0 \quad (2-3)$$

其解的形式为

$$x = X e^{qt} \quad (2-4)$$

其中,q 为复数;X 为不依赖于时间的量。

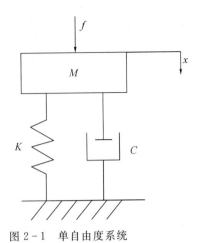

图 2-1 单自由度系统

对式(2-2)两边进行拉普拉斯(简称拉氏)变换,并假设初始值为 0,可得

$$(Ms^2 + Cs + K)x(s) = f(s) \tag{2-5}$$

其中,s 为拉氏变换因子;$x(s)$ 为 x 的拉氏变换;而 $f(s)$ 则为 f 的拉氏变换。对于自由振动而言,有

$$(Ms^2 + Cs + K) = 0 \tag{2-6}$$

由式(2-6)可解得 s 的两个根为

$$s_{1,2} = -C \pm \frac{\sqrt{C^2 - 4MK}}{2M} = -\omega_0 \zeta \pm j\omega_0 \sqrt{1-\zeta^2} \tag{2-7}$$

其中,ω_0 为系统的无阻尼固有频率;ζ 为阻尼比。

由式(2-7)可见,s_1 与 s_2 为共轭复数,它们的实部为衰减因子,反映系统的阻尼;其虚部表示有阻尼系统的固有频率。

式(2-5)中的 $(Ms^2 + Cs + K)$ 具有刚度特性,故称为系统的动刚度。在一定激励力作用下,其数值与系统的响应 $x(s)$ 成反比。它们有阻止系统振动的性质,因此称为系统的机械阻抗,简称阻抗,则有

$$Z(s) = Ms^2 + Cs + K \tag{2-8}$$

其倒数称为机械导纳,简称导纳,则有

$$H(s) = \frac{1}{Ms^2 + Cs + K} \tag{2-9}$$

通过计算给出了单自由度系统中的位移、速度与加速度的机械导纳表达式,具体见表 2-1。

从上面的推导过程可以得到这样的结论:导纳(速度导纳)是结构在单激励下所产生的振动响应特性,表示为

$$H_v(\omega) = v(\omega)/f(\omega) \tag{2-10}$$

实际的工程结构其实就是一个多自由度的线性系统,它可以看成是许多单自由度系统的线性叠加,因此,无论结构形式多么复杂,其表面各点对各种不同单激励的振动响应总是特定的,可以用该点的导纳来表示。

表 2-1 单自由度系统元件的导纳

系统元件(参数)	位移 H_d	速度 H_v	加速度 H_a
线性弹簧(K)	$\dfrac{1}{K}$	$\dfrac{\mathrm{j}\omega}{K}$	$\dfrac{-\omega^2}{K}$
黏性阻尼器(C)	$\dfrac{1}{\mathrm{j}\omega C}$	$\dfrac{1}{C}$	$\dfrac{\mathrm{j}\omega}{C}$
刚体质量(M)	$\dfrac{-1}{\omega^2 M}$	$\dfrac{1}{\mathrm{j}\omega M}$	$\dfrac{1}{M}$
结构阻尼器(kg)	$\dfrac{1}{\mathrm{j}kg}$	$\dfrac{\omega}{kg}$	$\dfrac{\mathrm{j}\omega^2}{kg}$

2.1.1.2 机械点导纳

从上面的分析可知,无论结构多么复杂,结构间如何连接,结构上任意一点的振动响应特性是决定结构之间振动传递的重要参数。结构机械导纳有两类,一类称为输入点导纳,它表示结构由于受到单位广义力激励后在激励处产生的广义速度,这里的广义力包括力和力矩,而广义速度包括速度和角速度,如果激励为力并且响应为速度则称为输入点导纳;另一类称为传递点导纳,它表示结构受到广义力的激励后在激励处以外的某个位置产生的广义速度,如果激励为力并且响应为速度则称为传递点导纳。无论结构形式多么复杂,结构上任意一点的振动特性总可以用输入点导纳或传递点导纳来表示,这样的表达式是相当简明的。输入点导纳和传递点导纳的大小在一定程度上说明了振动能量在该结构中传递的特性。

如图 2-2 所示,一个任意的结构表面,在点 1 处有力 F_1 输入,点 2 为结构上任意一点。在点 1 处产生响应速度为 v_1,在点 2 处产生的响应速度为 v_2,假设该结构为均质结构,则对于该结构来说,可以得到结构的输入点导纳,即

$$Y_{11} = \frac{v_1}{F_1} \tag{2-11}$$

和结构传递点导纳,即

$$Y_{12} = \frac{v_2}{F_1} \tag{2-12}$$

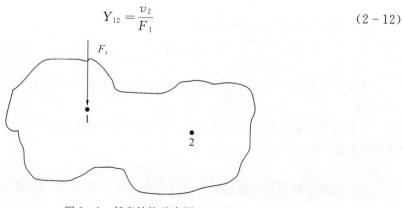

图 2-2 任意结构示意图

笔者归纳总结了一些经典的结构,比如无限平板结构、简支板、无限梁、简支梁等的输入导纳和传递导纳,以表格形式给出,具体见附录 A。

从表中基本结构的输入点导纳和传递点导纳的表达式可以看出,结构机械导纳只与外激励的频率和自身的结构参数、物理特性有关,特别是对于有限结构来说,结构导纳与结构的模态特征紧密相关,充分显示了结构模态特性,这也是导纳可以用来描述结构的振动响应的一个重要原因。

2.1.1.3　均值机械导纳

在进行系统结构功率流传递的研究中,有时并不需要知道结构上各点的振动响应,只需知道整个结构的振动响应情况。譬如,在统计能量分析时,人们关心的是结构表面的平均振动响应,而不是某一点在某一时刻的响应。

均值导纳[133]是结构导纳对空间作均方并对时间作平均以后得到的导纳值,相应地也有两类,即均值输入导纳和均值传递导纳,前者反映了结构表面在随机激励下激励点响应的平均水平,后者则反映了在随机激励下结构响应的统计平均值。

同样,以图2-2为例,假设其质量为M,损耗因子为η,平均输入点导纳为Y,平均输入点导纳实部记作G,也叫平均力导。从点源输入的功率可表示为

$$P_i = <F_1^2> G \tag{2-13}$$

其中

$$G = \frac{N}{4M\Delta f} \tag{2-14}$$

其中,N表示在频率范围Δf内的模态数,模态密度为$n = N/\Delta f$;符号$<^2>$表示对时间取平均并作结构表面的均方处理。

假设结构表面任意点与激励点之间的平均传递导纳为y,则结构表面任意点的速度为

$$v = yF_1 \tag{2-15}$$

该结构在一个周期内消耗的振动功率为

$$P_d = \omega\eta M<v^2> = \omega\eta M |y|^2 <F^2> \tag{2-16}$$

假设输入到结构的功率全部消耗在结构中,即

$$P_i = P_d \tag{2-17}$$

由式(2-14)和式(2-16)可得

$$|y|^2 = \frac{G}{\omega\eta M} \tag{2-18}$$

从式(2-18)中可以看出结构平均导纳与各个结构参数之间的关系,要求结构的均值导纳,则必须先知道结构的平均力导,这仍然是一个难以求解的量。

2.1.1.4　机械导纳功率流

机械导纳功率流一般指的是有效导纳功率流。下面主要介绍有效导纳功率流和子结构导纳功率流法。有效导纳功率流法是综合了有效点导纳法和复功率流法的一种用来研究系统结构传递导纳的方法。

对于一些分布力激励情况,有效导纳能够比较精确地描述距离对传递导纳的影响,进而可以用来研究空间分布对有效导纳的影响。也就是说,能够更具体地描述功率流传输的过程。而复功率法则重在系统描述,考虑宽频带力激励时的复杂结构系统。基于复功率流法能够更有效地利用能量的特性,有可能实现与其他一些基于能量或功率特性的相关研究分析方法,如统计能量分析方法、均值导纳法等的联系。

子结构导纳法是通过适当地构建元件的导纳从而获得组合结构特性的方法。由于导纳法可同时处理耦合节点的力及位移/速度,所以具有直接计算子结构间功率流的能力。

一个复杂结构可看作是由诸多子结构耦合组成的,可以通过解析法、有限元分析法建立各个子结构的模型,通过子结构导纳法和模态综合法的结合,具体描述各个子结构之间功率流的传输特性和子结构的功率流模态损耗特性。

2.1.2 等效机械导纳

实际结构受到的激励往往并非简单的单点激励,当外激励作用面积的几何尺寸与弯曲波波长相比不可忽略时,连接处不能再视为一个点,而是一条线或者一个面。同时,工程中一般不需要确切知道结构上某一点的振动响应,而更希望获得结构的平均振动水平。为此,需要建立能够反映激励和响应分布特性的等效机械导纳模型。

2.1.2.1 线等效机械导纳

在以线为基本单元的等效机械导纳表达式中,激励和响应均假设为线分布。

不失一般性,建立如图2-3所示无限大板受线力激励的模型。无限大板在线L_1上受到分布力$\sigma_{L_1}(x,y)$激励,其表达式为

$$\sigma_{L_1}(x,y) = \frac{F_1}{L_1} g_1(x,y) e^{j\omega t} \qquad (2-19)$$

其中,L_1为激励线长度;F_1和$g_1(x,y)$分别为激励力总幅值和沿激励线的分布型函数;$e^{j\omega t}$表示激励力随时间简谐变化,为了简便,后文中一律将其省略。

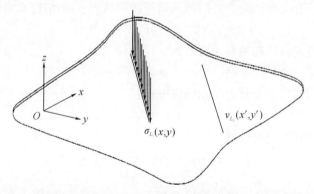

图2-3 无限大板受线激励模型

此时,结构上各点的振动响应与整个结构的受力情况、振动传递与衰减特性有关。L_2线上任一点的振动速度响应$v_{L_2}(x',y')$由受激线L_1上的点与该点之间的传递导纳以及对应激励力的乘积之和确定,即

$$v_{L_2}(x',y') = \frac{F_1}{L_1} \int_{L_1} Y_P(x',y'|x,y) g_1(x,y) dL_1 \qquad (2-20)$$

其中,$Y_P(x',y'|x,y)$表示L_1上点(x,y)与L_2上点(x',y')之间的传递点导纳;(x',y')用以与(x,y)区分。

根据复功率流的定义并结合式(2-20),结构在L_2线上的复振动功率可以用经典机械导纳表示为

$$Q_{L_2} = \frac{1}{2} \frac{F_1^* F_2}{L_1 L_2} \int_{L_2} g_2(x',y') \left[\int_{L_1} Y_P(x',y'|x,y) g_1(x,y) dL_1 \right]^* dL_2 \qquad (2-21)$$

其中,*为共轭符号。

下面将以线作为导纳分析的基本单元,定义等效线导纳。令结构在 L_2 线处的复振动功率用等效传递线导纳 $Y_L(L_2|L_1)$ 表示为

$$Q_{L_2} = \frac{1}{2} F_2 F_1^* Y_L^*(L_2|L_1) \qquad (2-22)$$

联立式(2-21)和式(2-22),可以得到等效传递线导纳 $Y_L(L_2|L_1)$ 的表达式为

$$Y_L(L_2|L_1) = \frac{1}{L_1 L_2} \int_{L_2} g_2(x',y') \left[\int_{L_1} Y_P(x',y'|x,y) g_1(x,y) dL_1 \right]^* dL_2$$
$$(2-23)$$

上面针对激励线与响应线不重合的情况,给出了等效传递线导纳的定义。当激励线与响应线重合时,得到等效输入线导纳的表达式为

$$Y_L(L_1|L_1) = \frac{1}{L_1^2} \int_{L_1} g_1(x,y) \left[\int_{L_1} Y_P(x,y|x,y) g_1(x,y) dL_1 \right]^* dL_2 \qquad (2-24)$$

2.1.2.2 面等效机械导纳

图 2-4 所示为无限大板受面激励时的模型示意图。无限大板在面 S_1 上受到分布力 $\sigma_1(x,y)$ 激励,其表达式为

$$\sigma_1(x,y) = \frac{F_1}{S_1} g_1(x,y) \qquad (2-25)$$

其中,S_1 为激励面面积;F_1 和 $g_1(x,y)$ 分别为激励力的总幅值和分布型函数。

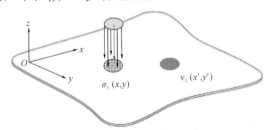

图 2-4 无限大弹性板受面激励模型

此时,S_2 面上某一点的振动速度响应 $v_2(x',y')$ 由受激面 S_1 上的点与该点之间的传递导纳以及对应激励力的乘积之和确定,即

$$v_2(x',y') = \frac{F_1}{S_1} \int_{S_1} Y_P(x',y'|x,y) g_1(x,y) dS_1 \qquad (2-26)$$

其中,$Y_P(x',y'|x,y)$ 表示 S_1 上点 (x,y) 与 S_2 上点 (x',y') 之间的传递点导纳。

根据复功率流的定义,结构在 S_2 面上总的复功率可以用经典机械导纳表示为

$$Q_{S_2} = \frac{1}{2} \frac{F_1^* F_2}{S_1 S_2} \int_{S_2} g_2(x',y') \left[\int_{S_1} Y_P(x',y'|x,y) g_1(x,y) dS_1 \right]^* dS_2 \qquad (2-27)$$

下面将以面作为导纳分析的基本单元,定义等效面导纳。由于面激励 S_1 的作用,引起结构在 S_2 面上振动的复功率可以用等效传递面导纳 $Y_S(S_2|S_1)$ 表示为

$$Q_{S_2} = \frac{1}{2} F_2 F_1^* Y_S^*(S_2|S_1) \qquad (2-28)$$

联立式(2-27)和式(2-28),可以得到等效传递面导纳 $Y_S(S_2|S_1)$ 的表达式为

$$Y_S(S_2|S_1) = \frac{1}{S_1 S_2} \int_{S_2} g_2(x',y') \left[\iint_{S_1} Y_P(x',y'|x,y) g_1(x,y) dS_1 \right]^* dS_2 \quad (2-29)$$

式(2-29)为激励面与响应面不重合的情况下,等效传递面导纳的定义。当激励面与响应面重合时,得到等效输入面导纳的表达式为

$$Y_S(S_1|S_1) = \frac{1}{S_1^2} \int_{S_1} g_1(x,y) \left[\iint_{S_1} Y(x,y|x,y) g_1(x,y) dS_1 \right]^* dS_2 \quad (2-30)$$

2.1.2.3 等效机械导纳广义表达式

前文分别以线、面为基本单元,推导了响应与激励为相同单元情况下等效机械导纳的表达式。实际工程中,结构常受到点、线、面同时激励。在这种情况下,需要使用到激励与响应为不同单元情况下的等效机械导纳,如点到线、线到面等。因此,需要将经典机械导纳扩展为更具有普遍适用性的形式,定义等效机械导纳为响应单元(点、线或面)上的振动速度与激励单元(点、线或面)上的总力之比,即

$$Y_{\Sigma\text{res,ex}} = \frac{v_{\text{res}}}{F_{\text{ex}}} \quad (2-31)$$

其中,下标 ex 表示激励单元;下标 res 表示响应单元。

当激励单元和响应单元均为点时,式(2-31)即为经典机械导纳的定义,此时 v_{res} 和 F_{ex} 的物理意义分别为响应点的振动速度和激励点的力。当激励单元为线、面时,F_{ex} 为激励线、面上的总力,但 v_{res} 表示将激励线、面作为基本单元时振动速度,并非激励线、面上的平均振动速度,因而无清晰的物理意义。

根据复功率流的定义,结构在响应单元处的复功率为

$$Q_{\text{res}} = \frac{1}{2} F_{\text{res}} v_{\text{res}}^* \quad (2-32)$$

联立式(2-31)和式(2-32),得到响应单元处的复功率可以用等效机械导纳表示为

$$Q_{\text{res}} = \frac{1}{2} F_{\text{res}} F_{\text{ex}}^* Y_{\Sigma\text{res,ex}}^* \quad (2-33)$$

根据经典机械导纳理论,参考前面分别以线、面为基本单元情况下复功率的表达式(2-21)和式(2-27),响应单元处的复功率可以用经典机械导纳表示为

$$Q_{\text{res}} = \frac{F_{\text{res}} F_{\text{ex}}^*}{2 A_{\text{res}} A_{\text{ex}}} \int_{A_{\text{res}}} g_{\text{res}}(x',y') \left[\iint_{A_{\text{ex}}} Y_P(x',y'|x,y) g_{\text{ex}}(x,y) dA_{\text{ex}} \right]^* dA_{\text{res}}$$

$$(2-34)$$

其中,A_{res} 和 A_{ex} 为相关参数;$g_{\text{ex}}(x',y')$ 和 $g_{\text{res}}(x,y)$ 分别为激励/响应单元上力的分布型函数。

式(2-34)中,当激励/响应单元为点时,$A_{\text{res}}/A_{\text{ex}}$ 为 1;当激励/响应单元为线时,$A_{\text{res}}/A_{\text{ex}}$ 为激励线/响应线的长度;当激励/响应单元为面时,$A_{\text{res}}/A_{\text{ex}}$ 为激励面/响应面的面积。点单元应可以看作线、面单元的特殊情况,此时式(2-34)中对激励/响应单元的积分可以取任意包含该激励/响应点的线或面,函数 $g_{\text{ex}}(x',y')$ 和 $g_{\text{res}}(x,y)$ 的表达式为

$$\left.\begin{array}{l} g_{\text{ex}}(x,y) = \delta(x - x_{\text{ex}}) \delta(y - y_{\text{ex}}) \\ g_{\text{res}}(x',y') = \delta(x' - x_{\text{res}}) \delta(y' - y_{\text{res}}) \end{array}\right\} \quad (2-35)$$

其中,$\delta(\ )$ 为狄拉克函数;$(x_{\text{ex}}, y_{\text{ex}})(x_{\text{res}}, y_{\text{res}})$ 为激励点/响应点的坐标位置。

联立式(2-33)和式(2-34),得到等效机械导纳的广义表达式为

$$Y_{\Sigma res,ex} = \frac{1}{A_{res}A_{ex}} \int_{A_{res}} g_{res}(x',y') \left[\int_{A_{ex}} Y_p(x',y' \mid x,y) g_{ex}(x,y) dA_{ex} \right]^* dA_{res}$$
(2-36)

由式(2-36)可见,当激励/响应单元均为点时,令 A_{res}/A_{ex} 为1,此时等效机械导纳即为经典机械点导纳。当激励/响应单元不同,分别为点、线或面时,将适当的激励/响应分布型函数代入式(2-36),即可得到相应的等效机械导纳表达式。

2.1.3 机械导纳计算

本节以圆板为例简要说明经典机械导纳与等效机械导纳在连续弹性系统中的计算过程。

2.1.3.1 振动方程

薄壁圆板结构如图2-5所示,在作简谐振动时,其自由振动方程为

$$D \nabla^4 w(r,\theta) - \omega^2 \rho h w(r,\theta) = 0 \tag{2-37}$$

其中,$\nabla^4 = (\partial^2/\partial r^2 + (1/r)\partial/\partial r + (1/r^2)\partial^2/\partial \theta^2)^2$;$D = (Eh^3/12)/(1-\sigma^2)$ 为圆板的弯曲刚度;$w(r,\theta)$ 为圆板弯曲振动位移响应;σ, E, ρ 和 h 分别为圆板的泊松比、弹性模量、密度和厚度。

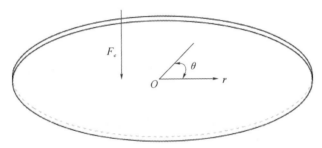

图2-5 圆板受点激励示意图

圆板中的弯曲波波长为 $\lambda = \sqrt[4]{\omega^2 \rho h/D}$,将其代入方程(2-37)中,得到

$$(\nabla^2 - \lambda^2)(\nabla^2 + \lambda^2)w(r,\theta) = 0 \tag{2-38}$$

设圆板位移响应的振型函数为

$$w(r,\theta) = B(\lambda r)\cos(m\theta) \tag{2-39}$$

将式(2-39)代入式(2-38)化简得

$$\frac{d^2 B(\lambda r)}{dr^2} + \frac{1}{r}\frac{dB(\lambda r)}{dr} + \left(\pm \lambda^2 - \frac{m^2}{r^2}\right)B(\lambda r) = 0 \tag{2-40}$$

式(2-40)的一般解为

$$B(\lambda r) = c_1 J_m(\lambda r) + c_2 I_m(\lambda r) + c_3 Y_m(\lambda r) + c_4 K_m(\lambda r) \tag{2-41}$$

其中,$J_m(\lambda r), Y_m(\lambda r)$ 分别为第一类和第二类 Bessel 函数;$I_m(\lambda r), K_m(\lambda r)$ 分别为修正以后的第一类和第二类 Bessel 函数。

对于所研究的圆板,其中心无孔。然而,根据 Bessel 函数的特性,在隔板中心($r=0$)处 $Y_m(\lambda r), K_m(\lambda r)$ 为无穷大,所以必须令 $c_3 = c_4 = 0$,$B(\lambda r)$ 的解才有意义。联立式(2-39)和式(2-41)可以得到圆板位移响应的振型函数为

$$w(r,\theta) = [c_1 J_m(\lambda r) + c_2 I_m(\lambda r)]\cos(m\theta) \qquad (2-42)$$

对于简支边界圆板，其在边界处弯曲振动位移和弯矩为零，故需要满足

$$\left. \begin{aligned} w(r,\theta)\big|_{r=R} &= 0 \\ \frac{\partial^2 w(r,\theta)}{\partial r^2}\bigg|_{r=R} &= 0 \end{aligned} \right\} \qquad (2-43)$$

结合圆板位移响应型函数的表达式(2-42)，边界条件式(2-43)可以转化为

$$\left. \begin{aligned} B(R) &= 0 \\ B''(r)\big|_{r=R} &= 0 \end{aligned} \right\} \qquad (2-44)$$

将圆板的振型函数式(2-42)代入其边界条件式(2-43)中，得到关于 c_1，c_2 的二元一次方程组为

$$\begin{bmatrix} J_m(\lambda R) & I_m(\lambda R) \\ \dfrac{d^2 J_m(\lambda R)}{dr^2} & \dfrac{d^2 I_m(\lambda R)}{dr^2} \end{bmatrix} \begin{bmatrix} c_1 \\ c_2 \end{bmatrix} = 0 \qquad (2-45)$$

若要式(2-45)有意义，则其系数行列式须等于零，即

$$J_m(\lambda R)\frac{d^2 I_m(\lambda R)}{dr^2} + I_m(\lambda R)\frac{d^2 J_m(\lambda R)}{dr^2} = 0 \qquad (2-46)$$

其中

$$\frac{d^2 J_m(\lambda R)}{dr^2} = \left(\frac{m^2}{r^2} - \lambda^2\right)J_m(\lambda R) + \frac{2\lambda}{R}J_{m+1}(\lambda R) \qquad (2-47)$$

$$\frac{d^2 I_m(\lambda R)}{dr^2} = \left(\frac{m^2}{r^2} - \lambda^2\right)I_m(\lambda R) - \frac{2\lambda}{R}I_{m+1}(\lambda R) \qquad (2-48)$$

求解式(2-46)可以得到其根 λ_{mn}，代入式(2-37)可以得到圆板的固有频率为

$$\omega_{mn} = \lambda_{mn}^2 \sqrt{D/(\rho h)} \qquad (2-49)$$

同时根据式(2-45)还可以得到

$$\frac{c_2}{c_1} = -\frac{J_m(\lambda R)}{I_m(\lambda R)} \qquad (2-50)$$

将式(2-50)代入式(2-42)，得到圆板的振型函数为

$$W(r,\theta) = c_1 B(r)\cos(m\theta) \qquad (2-51)$$

其中，c_1 为圆板位移响应的幅值；且

$$B(r) = J_m(\lambda r) - \frac{J_m(\lambda R)}{I_m(\lambda R)}I_m(\lambda r) \qquad (2-52)$$

2.1.3.2 点力及点力矩导纳计算

(1) 点力对应的导纳

当圆板受到垂直于其表面的点力 $F_e\delta(r-r_e)\delta(\theta-\theta_e)$ 激励时，根据上述推导的圆板振型函数及模态叠加法，其上任意点弯曲振动速度响应的表达式为

$$v(r,\theta) = \sum_{m=0}^{\infty}\sum_{n=0}^{\infty}\frac{j\omega F_{mn}^* B(\lambda r)\cos(m\theta)}{\omega_{mn}^2(1+j\eta_{mn}) - \omega^2} \qquad (2-53)$$

其中

$$F_{mn}^* = \frac{\int_0^{2\pi}\int_0^R B(\lambda r)\cos(m\theta)F_e\delta(r-r_e)\delta(\theta-\theta_e)R\,dr\,d\theta}{\rho h N_{mn}} \qquad (2-54)$$

$$N_{mn}=\int_0^{2\pi}\int_0^R [B(\lambda r)\cos(m\theta)]^2 R\,\mathrm{d}r\,\mathrm{d}\theta=\pi R\int_0^R B^2(\lambda r)\mathrm{d}r \qquad (2-55)$$

将式(2-54)和式(2-55)代入式(2-53),得到圆板在垂直点力激励下振动速度响应为

$$v(r,\theta)=\frac{\mathrm{j}\omega F_e R}{\rho h}\sum_{m=0}^{\infty}\sum_{n=0}^{\infty}\frac{B(\lambda r_e)\cos(m\theta_e)B(\lambda r)\cos(m\theta)}{N_{mn}[\omega_{mn}^2(1+\mathrm{j}\eta_{mn})-\omega^2]} \qquad (2-56)$$

根据角速度与速度响应间的关系 $\varphi(r,\theta)=-\partial v(r,\theta)/\partial r$,由式(2-56)得到板上任意点的弯曲角速度为

$$\varphi(r,\theta)=-\frac{\mathrm{j}\omega F_e R}{\rho h}\sum_{m=0}^{\infty}\sum_{n=0}^{\infty}\frac{B(\lambda r_e)\cos(m\theta_e)B'(\lambda r)\cos(m\theta)}{N_{mn}[\omega_{mn}^2(1+\mathrm{j}\eta_{mn})-\omega^2]} \qquad (2-57)$$

根据传递点导纳的定义,由式(2-56)和式(2-57)易得到圆板受到垂直于其表面的点力 $F_e\delta(r-r_e)\delta(\theta-\theta_e)$ 激励引起任意点 (r,θ) 弯曲振动速度和角速度响应的传递点导纳分别为

$$Y_{vF}(r,\theta|r_e,\theta_e)=\frac{\mathrm{j}\omega R}{\rho h}\sum_{m=0}^{\infty}\sum_{n=0}^{\infty}\frac{B(\lambda r_e)\cos(m\theta_e)B(\lambda r)\cos(m\theta)}{N_{mn}[\omega_{mn}^2(1+\mathrm{j}\eta_{mn})-\omega^2]} \qquad (2-58)$$

$$Y_{\varphi F}(r,\theta|r_e,\theta_e)=-\frac{\mathrm{j}\omega R}{\rho h}\sum_{m=0}^{\infty}\sum_{n=0}^{\infty}\frac{B(\lambda r_e)\cos(m\theta_e)R'(\lambda r)\cos(m\theta)}{N_{mn}[\omega_{mn}^2(1+\mathrm{j}\eta_{mn})-\omega^2]} \qquad (2-59)$$

(2)点力矩对应的导纳

当圆板受到绕其径向的点力矩 $M_e\delta(r-r_e)\delta(\theta-\theta_e)$ 激励时,其上任意点弯曲振动速度响应的表达式为

$$v(r,\theta)=\sum_{m=0}^{\infty}\sum_{n=0}^{\infty}\frac{\mathrm{j}\omega F_{mn}^*B(\lambda r)\cos(m\theta)}{\omega_{mn}^2(1+\mathrm{j}\eta_{mn})-\omega^2} \qquad (2-60)$$

其中

$$F_{mn}^*=\frac{\int_0^{2\pi}\int_0^R B(\lambda r)\cos(m\theta)\left[\dfrac{\partial M\delta(r-r_e)\delta(\theta-\theta_e)R}{\partial r}\right]\mathrm{d}r\,\mathrm{d}\theta}{\rho h N_{mn}} \qquad (2-61)$$

将式(2-61)代入式(2-60),得到圆板受到点力矩激励时的弯曲振动速度响应为

$$v(r,\theta)=-\frac{M_e R}{\rho h}\sum_{m=0}^{\infty}\sum_{n=0}^{\infty}\frac{\mathrm{j}\omega B'(\lambda r_e)\cos(m\theta_e)B(\lambda r)\cos(m\theta)}{N_{mn}[\omega_{mn}^2(1+\mathrm{j}\eta_{mn})-\omega^2]} \qquad (2-62)$$

式(2-61)中,$B'(\lambda r_e)$ 表示 $B(\lambda r)$ 对 r 求导,并取其在 $r=r_e$ 处的值。

根据转角与弯曲振动响应间的关系,得到板上任意点的弯曲振动角速度为

$$\varphi(r,\theta)=\frac{M_e R}{\rho h}\sum_{m=0}^{\infty}\sum_{n=0}^{\infty}\frac{\mathrm{j}\omega B'(\lambda r_e)\cos(m\theta_e)B'(\lambda r)\cos(m\theta)}{N_{mn}[\omega_{mn}^2(1+\mathrm{j}\eta_{mn})-\omega^2]} \qquad (2-63)$$

根据传递点导纳的定义,由式(2-62)和式(2-63)易得到隔板受到绕径向的力矩 $M_e\delta(r-r_e)\delta(\theta-\theta_e)$ 激励引起任意点 (r,θ) 弯曲速度和角速度响应的传递点导纳为

$$Y_{vM}(r,\theta|r_e,\theta_e)=-\frac{\mathrm{j}\omega R}{\rho h}\sum_{m=0}^{\infty}\sum_{n=0}^{\infty}\frac{B'(\lambda r_e)\cos(m\theta_e)B(\lambda r)\cos(m\theta)}{N_{mn}[\omega_{mn}^2(1+\mathrm{j}\eta_{mn})-\omega^2]} \qquad (2-64)$$

$$Y_{\varphi M}(r,\theta|r_e,\theta_e)=\frac{\mathrm{j}\omega R}{\rho h}\sum_{m=0}^{\infty}\sum_{n=0}^{\infty}\frac{B'(\lambda r_e)\cos(m\theta_e)B'(\lambda r)\cos(m\theta)}{N_{mn}[\omega_{mn}^2(1+\mathrm{j}\eta_{mn})-\omega^2]} \qquad (2-65)$$

2.1.3.3 等效线机械导纳计算

假设沿圆板周向分布有余弦力/力矩激励,如图2-6所示。

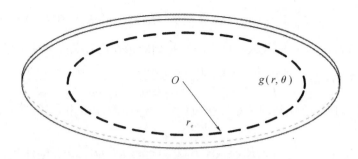

图 2-6 圆板受线激励示意图

当圆板受到以圆心为中心,沿半径为 r_e 的圆周正弦分布,且绕圆板径向的力/力矩激励时,激励力/力矩的分布型函数为

$$g(r,\theta)=\cos(p\theta)\delta(r-r_e) \quad (p=0,1,2) \tag{2-66}$$

将式(2-58)和式(2-66)代入等效输入线导纳的定义,利用三角函数的正交性,得到圆板在周向余弦分布力激励下弯曲振动响应的等效机械线导纳为

$$Y_{vF}(r\mid r_e)=\frac{\mathrm{j}\omega R}{4\rho h}\sum_{n=0}^{\infty}\frac{B(\lambda r_e)B(\lambda r)}{N_{pn}[\omega_{pn}^2(1-\mathrm{j}\eta_{pn})-\omega^2]} \tag{2-67}$$

将式(2-59)和式(2-66)代入等效输入线导纳的定义,得到圆板在周向余弦分布力激励下弯曲角速度响应的等效机械线导纳为

$$Y_{\varphi F}(r\mid r_e)=-\frac{\mathrm{j}\omega R}{4\rho h}\sum_{n=0}^{\infty}\frac{B(\lambda r_e)B'(\lambda r)}{N_{pn}[\omega_{pn}^2(1-\mathrm{j}\eta_{pn})-\omega^2]} \tag{2-68}$$

将式(2-64)和式(2-66)代入等效输入线导纳的定义,得到圆板在周向余弦分布力矩激励下弯曲振动速度响应的等效机械线导纳为

$$Y_{vM}(r\mid r_e)=-\frac{\mathrm{j}\omega R}{4\rho h}\sum_{n=0}^{\infty}\frac{B'(\lambda r_e)B(\lambda r)}{N_{pn}[\omega_{pn}^2(1-\mathrm{j}\eta_{pn})-\omega^2]} \tag{2-69}$$

将式(2-65)和式(2-66)代入等效输入线导纳的定义,得到圆板在周向余弦分布力矩激励下弯曲角速度响应的等效机械线导纳为

$$Y_{\varphi M}(r\mid r_e)=\frac{\mathrm{j}\omega R}{4\rho h}\sum_{n=0}^{\infty}\frac{B'(\lambda r_e)B'(\lambda r)}{N_{pn}[\omega_{pn}^2(1-\mathrm{j}\eta_{pn})-\omega^2]} \tag{2-70}$$

2.2 有限子结构复杂耦合系统的等效分析

统计能量分析的发展基本可以划分为两个部分,一是耦合振子功率流的研究,一是连续结构统计能量分析研究。关于耦合振子功率流研究已展开了大量的工作并得到了很多具有指导意义的重要结论,这方面的研究从基本到深入,经历了"双保守耦合振子→双非保守耦合振子→三串联保守耦合振子→三串联非保守耦合振子"的发展历程。但是在连续结构统计能量分析研究方面,没有如此系统而全面的研究。本书借鉴了耦合振子功率流研究发展的过程,从最基本的双结构保守耦合系统出发,逐步将研究领域拓展到双结构非保守耦合系统和串联保守耦合系统,由于连续结构与振子在很多特性上均存在显著的差异,因此研究的过程也不完全相同。连续结构的一般耦合系统与最简单的双结构单点连接保守耦合系统的主要区别:①工程

结构的连接方式可能为多点连接或线连接;②工程系统一般由多个结构经复杂连接构成。因此在下文分别讨论这些因素的影响,从中提出三个等效系数简化分析的方法。

2.2.1 连接方式系数

多点连接和线连接是工程中遇到较多的连接方式,连续结构的统计能量分析方法要真正应用到工程系统就必须解决多点连接和线连接问题。

判断结构间连接方式究竟是单点连接还是多点连接的准则就是看两个连接点之间的线度是否可以与弯曲波的波长相比拟,如果两个连接点之间的距离小于半个波长,则这两个实际连接点应视为一个独立连接点;如果两个连接点之间的距离超过半个波长,那么这两个实际连接点就是两个独立连接点。同样,人们所说的线连接并不单纯是指结构之间通过焊接等工艺形成的线型连接,对于铆、栓而成的一排连接点,只要相邻两点之间的线度小于弯曲波的半波长,就可以看作线连接,换言之,一条连续的焊缝可以当作若干个独立连接点来对待,假设焊缝长度为 $L_{线}$,则独立连接点的个数 $N_{点}$ 可以由下式确定[121]:

$$N_{点} = \frac{\pi}{4} \frac{L_{线}}{\lambda} \tag{2-71}$$

式中,λ 为弯曲波波长。式(2-71)说明:结合处每半个波长相当于一个独立的点连接。由此,线连接的问题就转化成多点连接问题。

不失一般性,考虑由"1"与"2"两个结构通过 3 个独立连接点连接的耦合系统,这 3 个连接点相互处于半波长范围以外。耦合系统示意图如图 2-7 所示。同单点连接系统一样,求解系统的关键在于确定单激励下的结构振动能量比,而确定振动能量比首先应确定结构间的传递导纳。

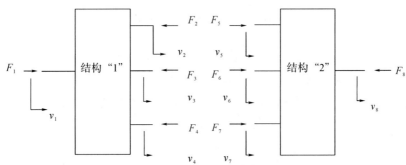

图 2-7 双结构多点耦合系统

如图 2-7 所示的耦合系统,在连接点处满足力平衡条件和速度连续条件,即 $F_n = -F_{n+3}$ 和 $v_n = v_{n+3}$($n=2,3,4$)。根据叠加性原理,结构间传递导纳矩阵为

$$\begin{bmatrix} v_1 \\ v_2 \\ v_3 \\ v_4 \end{bmatrix} = \begin{bmatrix} Y_{11} & Y_{12} & Y_{13} & Y_{14} \\ Y_{21} & Y_{22} & Y_{23} & Y_{24} \\ Y_{31} & Y_{32} & Y_{33} & Y_{34} \\ Y_{41} & Y_{42} & Y_{43} & Y_{44} \end{bmatrix} \begin{bmatrix} F_1 \\ F_2 \\ F_3 \\ F_4 \end{bmatrix} \tag{2-72}$$

$$\begin{bmatrix} v_5 \\ v_6 \\ v_7 \\ v_8 \end{bmatrix} = \begin{bmatrix} Y_{55} & Y_{56} & Y_{57} & Y_{58} \\ Y_{65} & Y_{66} & Y_{67} & Y_{68} \\ Y_{75} & Y_{76} & Y_{77} & Y_{78} \\ Y_{85} & Y_{86} & Y_{87} & Y_{88} \end{bmatrix} \begin{bmatrix} F_5 \\ F_6 \\ F_7 \\ F_8 \end{bmatrix} \tag{2-73}$$

与单点连接系统相比，多点连接系统的结构间传递导纳矩阵相对庞大，但可以求解。由于两点之间的传递点导纳具有互易性，即 $Y_{ij}=Y_{ji}$ 恒成立，由此可以简化一半导纳表达式；此外，从统计能量分析的基本思想出发，结构上任意两点间的传递点导纳可以用平均传递点导纳代替，由此使得系统分析大为简化，这里用 y_1 表示结构"1"上任意两点间的传递点导纳，用 y_2 表示结构"2"上任意两点间的传递导纳；虽然三个连接点的特性并不完全一致，但完全可以用它们的平均特性对连接点作近似，这里用 Y_1 表示结构"1"上三个连接点的平均输入点导纳，用 Y_2 表示结构"2"上三个连接点的平均输入点导纳。

假设仅结构"1"上有外力输入，即 $F_8=0$，则结构振动响应和结构间的传递导纳为

$$\frac{v_2}{F_1} = y_1 \left[1 - \frac{Y_1 + 2y_1}{Y_1 + Y_2 + 2(y_1 + y_2)} \right] \tag{2-74}$$

$$Y_{18} = \frac{v_8}{F_1} = \frac{3y_1 y_2}{Y_1 + Y_2 + 2(y_1 + y_2)} \tag{2-75}$$

通过与单点激励相比较，可以发现连接独立点数目对结构间传递导纳有显著影响，这种影响将直接反映在结构振动能量比的差别上。为此，引入一个连接方式系数，连接方式系数的定义是

$$p(3\text{点}) = \frac{Y_{14}(\text{单点连接系统})}{Y_{18}(3\text{点连接系统})} = \frac{1}{3} + \frac{2}{3}\frac{y_1 + y_2}{Y_1 + Y_2} \tag{2-76}$$

对于经 $N_\text{点}$ 个独立连接点连接在一起的系统，连接方式系数则为

$$p(N_\text{点}) = \frac{1}{N_\text{点}} + \frac{N_\text{点}-1}{N_\text{点}} \frac{y_1 + y_2}{Y_1 + Y_2} \tag{2-77}$$

一般情况下，结构的传递点导纳总是小于输入点导纳[134]，因此连接方式系数的绝对值一般总是小于1，只有当结构之间通过单点连接时，连接方式系数为1。随着连接点个数增多，连接方式系数相应发生变化，极限的情况就是当连接点趋于无穷多时，连接方式系数趋向某个确定值，即

$$N_\text{点} \to \infty \text{ 时}, p(N_\text{点}) \to \frac{y_1 + y_2}{Y_1 + Y_2} \tag{2-78}$$

式(2-78)说明：随着结构间独立连接点数目的增加，结构之间的能量传递特性趋向一个固定值，此值与相邻结构各自的平均传递点导纳和连接处的输入点导纳有关。此时，再增加连接点个数对结构间的能量传递特性几乎不产生影响，实际上，这就是结构间强耦合的情况。在强耦合的情况下，结构间的能量分配和传递特性取决于相邻结构的特性，而并非随着连接点数的增加而不断增加。

2.2.2 非保守耦合系数

非保守耦合系数与保守耦合系数的本质区别就在于非保守耦合元件改变了系统中的能量分配和传输特性，本节引入了"非保守耦合系数"来反映非保守耦合元件对能量分配的影响。

就像引入"连接方式系数"能够将连接方式对系统振动响应的影响分离出来一样,引入"非保守耦合系数"的优点就是将非保守耦合对系统响应的影响单独提取出来。实现各种影响因素的分离是简化系统分析的关键技术之一。

非保守耦合结构的二端口模型如图 2-8 所示。点 2 和点 3 分别为结构 1 和结构 2 上的连接点,在连接点两端分别满足力平衡条件和速度连续条件,即 $F_2=-F'_3$,$v_2=v'_3$,$F'_2=-F_3$,$v'_2=v_3$。若把耦合元件看作结构"2"的一部分,则如下矩阵成立:

$$\begin{bmatrix} v_1 \\ v_2 \end{bmatrix} = \begin{bmatrix} Y_{11} & Y_{12} \\ Y_{21} & Y_{22} \end{bmatrix} \begin{bmatrix} F_1 \\ F_2 \end{bmatrix} \tag{2-79}$$

$$\begin{bmatrix} v'_3 \\ v_4 \end{bmatrix} = \begin{bmatrix} Y'_{33} & Y_{34} \\ Y_{43} & Y_{44} \end{bmatrix} \begin{bmatrix} F'_3 \\ F_4 \end{bmatrix} \tag{2-80}$$

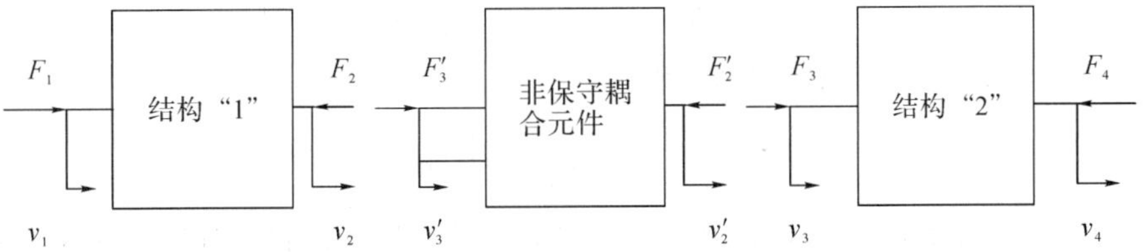

图 2-8 连续结构非保守耦合系统的二端口模型

同样,如果把非保守耦合元件看作结构 1 的一部分,可以得到另外两个类似的矩阵,这里不再列出。式中,F_1 和 F_4 分别为输入子结构"1"和子结构"2"的外激励;Y_{22} 和 Y_{33} 分别为子结构 1 和子结构 2 上与非保守耦合元件连接处表示子结构 1 和子结构 2 的平均传递点导纳。

$$\left. \begin{aligned} Y'_{22} &= Y_{22} + Y_c \\ Y'_{33} &= Y_{33} + Y_c \end{aligned} \right\} \tag{2-81}$$

其中,非保守耦合元件导纳为

$$Y_c = \frac{\mathrm{j}\omega}{K} \tag{2-82}$$

其中,K 是耦合元件的复刚度。当外激励轮流输入子结构"1"和子结构"2"时,由以上矩阵和连接处的力平衡和速度连续条件,可以得到结构总损耗因子和振动能量比分别为

$$\left. \begin{aligned} \eta_{s1} &= \frac{<F_1 v_1>}{M_1 <v_2^2>} = \eta_1 \frac{\left|1 - \dfrac{Y_{12}^2}{Y_{22}(Y_{22}+Y_{33}+Y_c)}\right|}{\left|1 - \dfrac{Y_{12}}{Y_{22}+Y_{33}+Y_c}\right|^2} \\ \eta_{s2} &= \frac{<F_4 v_4>}{M_2 <v_4^2>} = \eta_2 \frac{\left|1 - \dfrac{Y_{34}^2}{Y_{33}(Y_{22}+Y_{33}+Y_c)}\right|}{\left|1 - \dfrac{Y_{34}}{Y_{22}+Y_{33}+Y_c}\right|^2} \end{aligned} \right\} \tag{2-83}$$

和

$$\left. \begin{aligned} E_{21}^{(1)} &= \frac{M_2}{M_1} \frac{|Y_{34}|^2}{|Y_{22}+Y_{33}+Y_c|^2} \\ E_{21}^{(2)} &= \frac{M_1}{M_2} \frac{|Y_{12}|^2}{|Y_{22}+Y_{33}+Y_c|^2} \end{aligned} \right\} \tag{2-84}$$

对于大多数机械结构,传递点导纳远小于输入点导纳[134],此时上面两式可以简化为

$$\left.\begin{aligned}\eta_{s1} &= \frac{\eta_1}{\left|1 - \dfrac{Y_{12}}{Y_{22} + Y_{33} + Y_c}\right|^2} \\ \eta_{s2} &= \frac{\eta_2}{\left|1 - \dfrac{Y_{34}}{Y_{22} + Y_{33} + Y_c}\right|^2}\end{aligned}\right\} \quad (2-85)$$

和

$$\left.\begin{aligned}E_{21}^{(1)} &= \frac{G_2}{\omega M_1 \eta_2} \frac{1}{|Y_{22} + Y_{33} + Y_c|^2} \\ E_{21}^{(2)} &= \frac{G_1}{\omega M_2 \eta_1} \frac{1}{|Y_{22} + Y_{33} + Y_c|^2}\end{aligned}\right\} \quad (2-86)$$

非保守偶合系统中结构间的传递导纳为

$$Y_{14} = \frac{V_4}{F_1} = \frac{Y_{12} Y_{34}}{Y_{22} + Y_{33} + Y_c} \quad (2-87)$$

对比独立点的耦合系统,可以得到非保守耦合系统与保守耦合系统之间的关系为

$$q = \frac{Y_{14}(\text{保守})}{Y_{14}(\text{非保守})} = 1 + \frac{Y_c}{Y_{22} + Y_{33}} \quad (2-88)$$

比例系数 q 反映了非保守耦合元件对系统振动能量传递的影响,称为"非保守耦合系数"。当结构间为保守耦合时,"非保守耦合系数"取值为 1。

引入"非保守耦合系数"后,结构总损耗因子和振动能量比可分别简化为

$$\left.\begin{aligned}\eta_{s1} &= \eta_1 \frac{1}{\left|1 - \dfrac{1}{q}\dfrac{Y_{12}}{Y_{22} + Y_{33}}\right|^2} \\ \eta_{s2} &= \eta_2 \frac{1}{\left|1 - \dfrac{1}{q}\dfrac{Y_{34}}{Y_{22} + Y_{33}}\right|^2}\end{aligned}\right\} \quad (2-89)$$

和

$$\left.\begin{aligned}E_{21}^{(1)}(\text{非保守}) &= \frac{1}{|q|^2} E_{21}^{(1)}(\text{保守}) \\ E_{21}^{(2)}(\text{非保守}) &= \frac{1}{|q|^2} E_{21}^{(2)}(\text{保守})\end{aligned}\right\} \quad (2-90)$$

当需要对一个保守耦合系统作隔振或阻尼处理时,利用"非保守耦合系数"可以迅速准确地预测各种措施可能达到的减振效果,并采取优化措施;某些情况下隔振处理不当可能导致结构振动增大,利用"非保守耦合系数"可以提前预计到这类情况的发生并采取措施。

2.2.3 间接耦合系数

为了考察中间结构在能量传递和分配中的作用和影响(这一影响将直接反映在直接和间接耦合损耗因子上),本节引入"间接耦合系数"以反映中间结构对相邻结构间振动传递的影响,"间接耦合系数"的引入将有助于系统的简化。

通过分析,可以看到,结构振动能量比的预测是至关重要的。而振动能量比的预测从本质上讲,就是单激励输入时各子结构的振动响应的预测。虽然精确计算结构振动响应的方法有很多,但是统计能量分析作为一种"统计"的方法,它的本质特征和优越之处就在于,通过简单的计算反映结构在一定带宽内的响应特性。下面将用均值导纳法来解决这个问题。

对于如图 2-9 所示的三结构串联耦合系统,可以写出如下形式的矩阵:

$$\begin{bmatrix} v_1 \\ v_2 \end{bmatrix} = \begin{bmatrix} Y_{11} & Y_{12} \\ Y_{21} & Y_{22} \end{bmatrix} \begin{bmatrix} F_1 \\ F_2 \end{bmatrix} \qquad (2-91)$$

$$\begin{bmatrix} v_1 \\ v_2 \\ v_3 \end{bmatrix} = \begin{bmatrix} Y_{33} & Y_{34} & Y_{35} \\ Y_{43} & Y_{44} & Y_{45} \\ Y_{53} & Y_{54} & Y_{55} \end{bmatrix} \begin{bmatrix} F_3 \\ F_4 \\ F_5 \end{bmatrix} \qquad (2-92)$$

$$\begin{bmatrix} v_6 \\ v_7 \end{bmatrix} = \begin{bmatrix} Y_{66} & Y_{67} \\ Y_{76} & Y_{77} \end{bmatrix} \begin{bmatrix} F_6 \\ F_7 \end{bmatrix} \qquad (2-93)$$

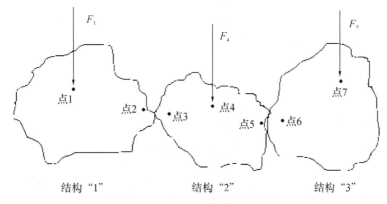

图 2-9 三结构串联耦合系统

对于线性系统,传递点导纳满足互易性原理,即 $Y_{ij} = Y_{ji}$;从统计的角度考虑,结构上输入点导纳可由随机点的输入点导纳代替,任意两点间的传递点导纳用平均传递点导纳代替,与双结构耦合系统不同的是,注意观察图 2-9 中的结构 2,由于连接点 3,5 是固定的,因此这两个点之间的传递点导纳 Y_{35} 不同于结构平均传递点导纳,不能用均值导纳代替。

假设结构 i 上的平均传递点导纳为 y_i,当外激励轮流输入各结构时,由方程(2-91)~式(2-93)和连接处的力平衡和速度连续条件,可以得到结构间传递导纳为

$$Y_{14} = \frac{y_1 y_2 (Y_{55} + Y_{66} - Y_{35})}{(Y_{22} + Y_{33})(Y_{55} + Y_{66}) - Y_{35}^2} \qquad (2-94)$$

$$Y_{17} = \frac{y_1 y_3 Y_{35}}{(Y_{22} + Y_{33})(Y_{55} + Y_{66}) - Y_{35}^2} \qquad (2-95)$$

$$Y_{41} = \frac{y_1 y_2 (Y_{55} + Y_{66} - Y_{35})}{(Y_{22} + Y_{33})(Y_{55} + Y_{66}) - Y_{35}^2} \qquad (2-96)$$

$$Y_{47} = \frac{y_2 y_3 (Y_{22} + Y_{33} - Y_{35})}{(Y_{22} + Y_{33})(Y_{55} + Y_{66}) - Y_{35}^2} \qquad (2-97)$$

$$Y_{74} = \frac{y_2 y_3 (Y_{22} + Y_{33} - Y_{35})}{(Y_{22} + Y_{33})(Y_{55} + Y_{66}) - Y_{35}^2} \qquad (2-98)$$

$$Y_{71} = \frac{y_1 y_3 Y_{35}}{(Y_{22}+Y_{33})(Y_{55}+Y_{66})-Y_{35}^2} \qquad (2-99)$$

在平均传递点导纳远小于输入点导纳的条件下,由式(2-94)～式(2-99)表示的结构间传递导纳可以简化为

$$Y_{14} = Y_{41} \approx \frac{y_1 y_2}{Y_{22}+Y_{33}} = Y_{14}(双结构) \qquad (2-100)$$

$$Y_{47} = Y_{74} \approx \frac{y_1 y_2}{Y_{55}+Y_{66}} = Y_{47}(双结构) \qquad (2-101)$$

$$Y_{17} \approx Y_{71} = \frac{y_1 y_3 Y_{35}}{(Y_{22}+Y_{33})(Y_{55}+Y_{66})} = Y_{14}(双结构) Y_{47}(双结构) \frac{Y_{35}}{y_2^2} \qquad (2-102)$$

以上分析表明:直接连接结构间的传递导纳近似等于双结构直接相连接时的传递导纳,而间隔一个结构的结构间传递导纳与相邻的三个结构均有关。下面引入"间接耦合系数",使得间接耦合结构间的传递导纳可以用两组双耦合结构的传递导纳来表示。令"间接耦合系数"为

$$t_{1-2-3} = \frac{Y_{35}}{y_2} \qquad (2-103)$$

则间接耦合结构间的传递导纳为

$$Y_{17} = Y_{14}(双结构) Y_{47}(双结构) \frac{t_{1-2-3}}{y_2} \qquad (2-104)$$

2.2.4 层面分析方法

对于一个复杂的连接系统,如果系统中只有一个结构受到外力激励,那么,与该结构直接相连的那些结构的振动响应,可以看作主要是由直接连接途径所传递的功率流所致的;与受激结构间接相连的那些结构的振动响应,则是几条途径传递的总和。

图2-10所示为一个复杂连接系统中仅其中一个结构受激励时的"层面分析"图。笔者之所以引入"层面分析"的思想并竭力推荐这一思想在复杂耦合系统振动分析中的应用,是因为通过这样层层排列的方法,可以极大地简化复杂的模型。"层面分析"强调的就是分析、简化的手段和方法,这种处理方法符合统计能量分析的基本思想。本书提出的各种系数和"层面分析"的思想是适应研究对象的发展而提出的新的统计能量参数和分析手段。经典统计能量分析由于研究对象的局限性只提出了耦合损耗因子等基本参数,随着研究对象的复杂化,这些参数已不足以方便地描述和分析系统振动,因此有必要引入新的参数或分析方法。笔者始终认为,对统计能量分析的发展应注重从"统计""能量"和"分析"这三个基本要素寻求突破点,应该是指导思想上的继承和发展,而不应受到经典统计能量分析某些框架的制约,"层面分析"思想的实质是对统计能量分析基本思想的继承。

"层面分析"模型中直接受外力激励的那个结构称作"源",因为它是系统结构中所有结构振动的根源。图中的第一层面是与"源"直接相连的那些结构,这些结构之间可以互相连接,如结构i与j,也可以互不相连。第二个层面通过第一个层面与"源"间接相连,第二层的结构可以相互之间相连,也可以同时与第一层的多个结构相连,如结构k同时连接第一层的结构i和j。同样,第三层,第四层,……,遵循同样的法则。形象地说,复杂连接系统好比是一张网,网上的"结"就是一个个结构,网上的"线"就是结构之间的连接。"层面分析"模型中的"源"就是抓住的一个"结",把这个"结"提起来,以下的层次就很分明了。分析其中某一层中的一个"结"

时,只须从"源"往下数,一直数到要分析的那个"结"所在的层次,而无须考虑该层以下的情况。

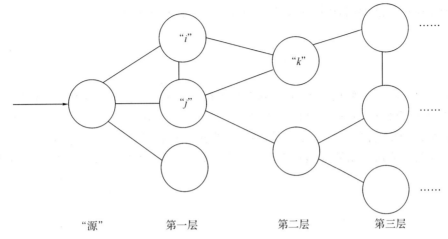

图 2-10 复杂耦合系统"层面分析"模型

图 2-10 中第一层的某个结构,其振动响应可以近似为如图 2-11 所示的双结构模型,第二层结构的振动响应可以用图 2-12 所示的并联结构模型近似描述。如果第二层的结构通过第一层与"源"之间有 n 条途径,那么该结构的响应就是这 n 条途径之和。从图 2-12 可以看到:尽管结构"i""j"客观上是直接连接在一起的,但对于结构"k"来说,结构"i""j"是否相连并无影响,因为当人们提起"源"的时候,"结 i"和"结 j"之间的"网线"处于松弛状态。这就是"层面分析"带来的好处,它使分析过程清晰、简便,易于理解。

图 2-11 第一层结构振动响应近似模型

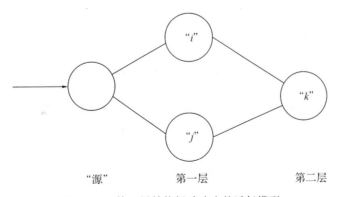

图 2-12 第二层结构振动响应的近似模型

同样地,对于第 N 层中的结构,不管其连接方式多么的复杂,只须"顺藤摸瓜",从"源"、第一层,第二层,……,第 N 层各提供一个结构。

用层面的形式分析这类问题的好处:①同一层中的各个结构之间的联系可以视为断开;②如果人们所关心的结构处于第 N 层,则第 N 层以后的结构都可以不考虑。其缺点:单激励作用到另一个结构上时,就需要重新划分层次。也就是说,要得到 N 个结构分别受到单激励情况下的结构间传递导纳,就必须建立 N 个这样的"层面分析"模型。

2.3 本章小结

本章分别介绍了经典机械导纳、等效机械导纳和导纳功率流的基本概念,并以圆板结构为例简要介绍了在弹性体结构中机械导纳的计算方法。针对有限子结构的固有特点提出了三种等效系数和一种分析的方法,即连接方式系数、非保守耦合系数、间接耦合系数及层面分析方法。从而简化了有限子结构导纳功率流的计算,为有限子结构功率流模型的简化打下了良好的基础。

第 3 章　弹性板结构等效机械导纳

弹性板结构作为一种典型结构，在工程中有着广泛的应用，例如飞机上的舱门、舷窗结构、卫星上的太阳能电池板、舰船上的甲板等。因此，一般情况下，在分析复杂耦合结构振动特性时往往离不开对板结构振动特性的分析。本章将详细分析矩形弹性板的机械导纳特性。

3.1　匀质板等效机械导纳

3.1.1　机械点导纳特性

匀质矩形板的结构如图 3-1 所示。根据 Poisson-Kirchhoff 薄板理论[135]，忽略结构剪切变形和扭转惯量，薄板振动方程为

$$\left. \begin{aligned} & C_L^2 \frac{\partial^2 u}{\partial x^2} + C_T^2 \frac{\partial^2 u}{\partial y^2} + (\sigma C_L^2 + C_T^2) \frac{\partial^2 v}{\partial x \partial y} - \frac{\partial^2 u}{\partial t^2} = -\frac{F_x}{\rho h} \delta(x-x_e) \delta(y-y_e) \\ & C_L^2 \frac{\partial^2 v}{\partial y^2} + C_T^2 \frac{\partial^2 v}{\partial x} + (\sigma C_L^2 + C_T^2) \frac{\partial^2 u}{\partial x \partial y} - \frac{\partial^2 v}{\partial t^2} = -\frac{F_y}{\rho h} \delta(x-x_e) \delta(y-y_e) \\ & D\nabla^4 w + \rho h \frac{\partial^2 w}{\partial t^2} = F_z \delta(x-x_e) \delta(y-y_e) - \\ & \qquad M_{xe} \delta(x-x_e) \frac{\partial \delta(y-y_e)}{\partial y} + M_{ye} \delta(y-y_e) \frac{\partial \delta(x-x_e)}{\partial x} \end{aligned} \right\} \quad (3-1)$$

其中，h 为板的厚度；E,ρ 和 σ 分别为材料的弹性模量、密度和泊松比；C_L, C_T 分别为纵波和剪切波波速；u, v, w 分别对应 x, y, z 方向的位移响应；F_x, F_y, F_z 以及 M_{xe}, M_{ye} 分别为对应方向上的外界激励力和力矩；∇^4 为拉普拉斯算子，其表达式为

$$\nabla^4 = \frac{\partial^4}{\partial x^4} + 2 \frac{\partial^2}{\partial x^2} \frac{\partial^2}{\partial x^2} + \frac{\partial^4}{\partial y^4} \tag{3-2}$$

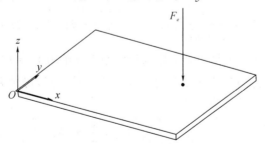

图 3-1　匀质弹性板结构示意图

考虑阻尼损耗，弹性板的弯曲刚度 D 可用含损耗因子 η 的复弹性模量表示为

$$D = \frac{Eh^3(1+\mathrm{j}\eta)}{12(1-\sigma^2)} \tag{3-3}$$

根据模态叠加法,对于四边简支的弹性板,其振动响应可以表示为

$$\left.\begin{aligned} u &= \sum_{m=1}^{+\infty}\sum_{n=1}^{+\infty} U_{mn}\cos(k_m x)\sin(k_n y) \\ v &= \sum_{m=1}^{+\infty}\sum_{n=1}^{+\infty} V_{mn}\sin(k_m x)\cos(k_n y) \\ w &= \sum_{m=1}^{+\infty}\sum_{n=1}^{+\infty} W_{mn}\sin(k_m x)\sin(k_n y) \end{aligned}\right\} \quad (3-4)$$

其中,U_{mn},V_{mn} 和 W_{mn} 分别为面内纵向振动、面外弯曲振动的模态参与因子。

由式(3-4)可见,薄板的面内振动与面外振动近似分离,即若薄板受垂直于其表面的力激励,只产生横向振动;若受面内激励,则只产生面内振动。分别取式(3-1)中的一个方向的激励力分量为单位激励,其他方向的激励力分量为零,可以得到匀质薄板对应的点导纳表达式。取 $F_z=1\,\mathrm{N}$,其他激励均为 0 时,得到匀质薄板弯曲振动的传递点导纳为

$$Y_{vF}(x',y'|x,y) = \frac{4\mathrm{j}\omega}{\rho hab}\sum_{m=1}^{+\infty}\sum_{n=1}^{+\infty}\frac{\sin(k_m x')\sin(k_n y')\sin(k_m x)\sin(k_n y)}{\omega_{mn}^2(1+\mathrm{j}\eta)-\omega^2} \quad (3-5)$$

其中,ω_{mn} 为匀质薄板的固有频率,表达式为

$$\omega_{mn} = \sqrt{\frac{D}{\rho h}}(k_m^2+k_n^2) \quad (3-6)$$

取 $M_{ye}=1\,\mathrm{N\cdot m}$,得到匀质薄板在 (x,y) 处受到点力矩激励,引起另一点 (x',y') 处的弯曲角速度响应,对应的传递点导纳表达式为

$$Y_{aM}(x',y'|x,y) = \frac{4\mathrm{j}\omega}{\rho hab}\sum_{m=1}^{+\infty}\sum_{n=1}^{+\infty}\frac{k_m^2\sin(k_m x')\cos(k_n y')\sin(k_m x)\cos(k_n y)}{\omega_{mn}^2(1+\mathrm{j}\eta)-\omega^2} \quad (3-7)$$

若四边简支板受到以点 (x_0,y_0) 为中心,边长为 a_e 的正方形均布面激励,则根据等效机械导纳的定义式(3-6),得到四边简支矩形板在面力激励下的等效机械导纳表达式为

$$Y_{\Sigma r_e, L_1} = \frac{1}{a_e^4}\frac{4\mathrm{j}\omega}{\rho hab}\sum_{m=1}^{+\infty}\sum_{n=1}^{+\infty}\frac{\iint_{x_0-\frac{a_e}{2}}\sin(k_m x)\cos(k_n y)\,\mathrm{d}L}{\omega_{mn}^2(1+\mathrm{j}\eta)-\omega^2} \quad (3-8)$$

其中,下标 r_e 表示响应单元,可以为点、线或面;$g_{r_e}(x_2,y_2)$ 为响应单元上的力分布形式。

当无限大板受到点力激励时,对应弯曲振动响应的传递点导纳为[136]

$$Y_{un\lim,vF} = \frac{1}{8\sqrt{\rho hD}}[H_0^{(2)}(k_b r_{\mathrm{dis}})-H_0^{(2)}(-\mathrm{j}k_b r_{\mathrm{dis}})] \quad (3-9)$$

在式(3-9)中,若 $r_{\mathrm{dis}}=0$,即得到无限大板的原点导纳为 $Y_0=1/(8\sqrt{\rho hD})$。若无限大板受到点力矩激励,可以将力矩 M 等效为间距为 e 的一对力偶,得到无限大板在力矩激励时对应弯曲角速度的输入点导纳的表达式为[136]

$$Y_{un\lim,aM} = \frac{\omega}{16D}\left[1-\mathrm{j}\frac{4}{\pi}\ln(k_b e)\right] \quad (3-10)$$

边界是有限结构与无限结构的重要区别。边界的存在导致有限板导纳曲线上出现诸多波峰和波谷。这些波峰和波谷的幅度与结构阻尼相关。对于长度 a 和宽度 b 分别为 1 m 和 0.5 m,厚度为 0.006 m 的四边简支匀质板,若激励点位置位于 $(x_1,y_1)=(a/3,b/4)$ 处,另取一点位于 $(x_2,y_2)=(a/4,b/7)$ 处,令损耗因子 η 分别为 0.01 和 0.1,计算匀质板在简谐点力

激励下的输入点导纳和传递点导纳,并与无限大板的原点导纳进行对比分析,得到如图3-2所示曲线。

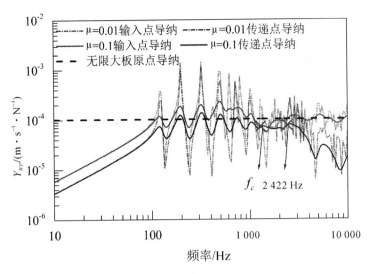

图3-2 阻尼对矩形板导纳的影响

对比分析图3-2中有限大板和无限大板的输入点导纳曲线,可以看出:有限结构的输入点导纳曲线在低频起伏较大,高频相对起伏较小。增大结构阻尼可以使导纳曲线光滑,共振与反共振频率上的响应均更接近于曲线的平均水平。在整个研究频率范围内,无限结构的输入点导纳曲线始终处于有限结构输入点导纳的平均值位置。这表明,在较高频率上且结构阻尼足够大的情况下,有限板的输入点导纳可以用无限板的导纳近似计算。无限大板的输入点导纳只与厚度和密度相关。利用这一性质,当弹性板结构受到设备激励时,可以在设备安装点处进行处理,如增加厚度、选择更硬的材料、加筋等,增大激励点处的输入阻抗,以减少从激励设备进入弹性板的振动能量。

对比分析图3-2中有限大板的传递点导纳曲线,可以看出:阻尼增大后,传递点导纳曲线明显降低。这是由于增大阻尼后,从激励源传递到响应点的传递损耗增加,因而响应点的响应降低。进一步观察传递点导纳曲线随频率的变化情况,可以发现:随着频率的升高,传递点导纳先保持在某一水平值附近振荡,在频率高于某转折频率后,传递点导纳急剧降低。对于本算例,该转折频率接近2 422 Hz,是矩形板临界频率 $f_c = c^2\sqrt{\rho h}/(2\pi\sqrt{D})$ 的两倍。据此可以推断,当分析频率 $f \geqslant 2f_c$ 时,矩形板的传递点导纳远小于其输入点导纳,在计算耦合结构的振动特性时可以忽略。

仿真计算中,若假设单位简谐力矩作用于点 $(x_1, y_1) = (a/4, b/3)$ 处,结构的损耗因子 η 为0.01,无限板中力偶间距 e 分别取 10^{-2} m,10^{-5} m 和 10^{-8} m,得到如图3-3所示曲线。由图可见:无限大板在力矩激励下的输入导纳随力偶间距 e 的减小而增大。对于此处算例,$e = 10^{-5}$ m 时无限大板在力矩激励下的输入点导纳接近有限板在力矩激励下的输入点导纳曲线平均值。这表明对于力矩激励对应的导纳,不能简单地用无限大板相应导纳来近似。

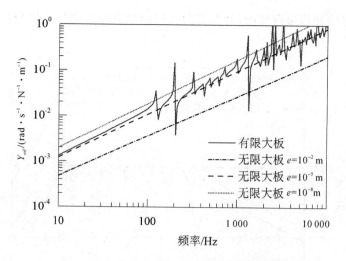

图 3-3 单位力矩激励下的输入点导纳曲线

此外,对比图 3-2 和图 3-3 中曲线发现:随着频率的升高,矩形板在点力激励下的输入点导纳总是保持在某一水平位置上下波动,而点力矩激励下的输入点导纳则越来越大。这表明,相对于力导纳而言,力矩导纳在高频的作用可能更显著,因此在计算复杂耦合结构的振动特性时,需要重点关注力矩在振动传递中的作用。

3.1.2 等效机械线导纳

假设四边简支板沿 x 方向施加一条长为 L_1、沿激励线均匀分布的线力激励,且线激励在 y 轴上的坐标为 y_1,如图 3-4 所示。

令矩形板在 L_1 线上受到分布力 $\sigma_1(x,y)$ 激励,其表达式为

$$\sigma_1(x,y) = \frac{F}{L_1} g_1(x,y) \tag{3-11}$$

其中,F 和 $g_1(x,y)$ 分别为激励力的总幅值和分布型函数;L_1 为激励线的长度。

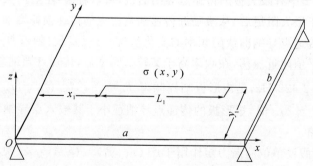

图 3-4 简支板受均匀分布线力激励示意图

将式(3-5)和式(3-11)代入等效机械导纳的定义式(2-36),得到四边简支矩形板在线分布力激励下的等效机械导纳表达式为

$$Y_{\Sigma\text{res},L_1} = \frac{1}{A_{\text{res}} L_1} \int_{A_{\text{res}}} g_{\text{res}}(x',y') \left[\int_{L_1} Y_{vF}(x',y' \mid x,y) g_1(x,y) dL_1 \right]^* dA_{\text{res}} \tag{3-12}$$

其中,下标 res 表示响应单元,可以为点、线或面;$g_{\text{res}}(x_2,y_2)$ 为响应单元上的力分布形式。

鉴于工程结构间线连接方式较多,且均匀分布线力和正弦分布线力是工程中常见的情况,因此这里将讨论线激励的分布形式对等效输入线导纳的影响,令线力分别呈均匀分布、正弦分布和近似高斯分布。

(1) 均匀分布线力激励

如图 3-5 所示,当线力均匀分布时,考虑到激励线上所有力具有相位相同、幅值相等的特点,线力的分布型函数可表示为

$$g_1(x,y) = [H(x-x_1) - H(x-x_1-L_1)]\delta(y-y_1) \quad (3-13)$$

其中,$H(x)$ 为单位阶跃函数,当 $x<0$ 时,$H(x)=0$,当 $x>0$ 时,$H(x)=1$。

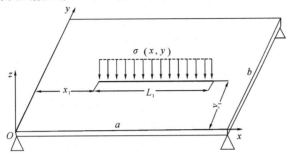

图 3-5 线激励力下简支板结构图

将式(3-13)代入式(3-12),并假设激励沿整个板的长度分布,即 $L_1=a$,得到均匀分布力激励下四边简支板在激励线 L_1 处的等效线输入导纳为

$$Y_{\Sigma L_1, L_1} = \frac{-j4\omega}{\rho h a b L_1^2} \sum_{m=1}^{\infty} \sum_{n=1}^{\infty} \frac{\left[\int_{x_1}^{x_1+L_1} \sin(k_m x) dx\right]^2 \sin^2(k_n y_1)}{\omega_{mn}^2 (1-j\eta) - \omega^2} \quad (3-14)$$

假设激励沿整个板长度分布,即 $L_1=a$,则等效线导纳表达式为

$$Y_{\Sigma L_1, L_1} = -\frac{j4\omega}{\rho h a^3 b} \sum_{m=1}^{\infty} \sum_{n=1}^{\infty} \frac{[1-\cos(m\pi)]^2 \sin^2(k_n y_1)}{k_m^2 [\omega_{mn}^2 (1-j\eta) - \omega^2]} \quad (3-15)$$

由式(3-15)可以看出,只有当 $m=1,3,\cdots$ 时,$Y_{\Sigma L_1, L_1}$ 不为零。这表示只有 m 为奇数的模态被激起。

(2) 正弦分布线力激励

事实上,作用于激励线上的力未必能够满足均匀分布的条件。令 L_1 上线力呈正弦分布,如图 3-6 所示,此时线力的分布型函数可表示为

$$g_1(x,y) = \sin(k_p x)\delta(y-y_1) \quad (p=1,2,\cdots) \quad (3-16)$$

其中,$k_p = p\pi/a$,p 表示正弦激励的阶数。

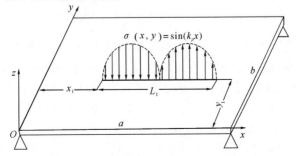

图 3-6 正弦线激励下简支板结构图

根据三角函数的正交性,有

$$\left. \begin{array}{l} \int_0^a \sin(k_p x)\sin(k_m x)\mathrm{d}x = 0, \quad m \neq p \\ \int_0^a \sin(k_p x)\sin(k_m x)\mathrm{d}x = \dfrac{a}{2}, \quad m = p \end{array} \right\} \quad (3-17)$$

将式(3-16)代入式(3-12),并利用三角函数的正交性式(3-17),得到正弦分布力激励下简支板在 L_1 处的等效输入线导纳为

$$Y_{\Sigma L_1, L_1} = \frac{\mathrm{j}4\omega}{\rho h a b L_1^2}\sum_{m=1}^{\infty}\sum_{n=1}^{\infty}\frac{\left[\int_{x_1}^{x_1+L_1}\sin(k_p x)\sin(k_m x)\mathrm{d}x\right]^2 \sin^2(k_n y_1)}{\omega_{mn}^2(1+\mathrm{j}\eta)-\omega^2} \quad (3-18)$$

假设激励沿整个板的长度分布,则式(3-18)可以简化为

$$Y_{\Sigma L_1, L_1} = \frac{\mathrm{j}\omega}{\rho h a b}\sum_{n=1}^{\infty}\frac{\sin^2(k_n y_1)}{\omega_{pn}^2(1+\mathrm{j}\eta)-\omega^2} \quad (p=1,2,\cdots) \quad (3-19)$$

仿真算例中取长度和宽度均为 1 m、厚度为 0.006 m 的矩形板,令激励线位于 $y_1 = 0.5$ m 处,取损耗因子 $\eta = 0.01$,计算正弦分布力的阶数对等效输入线导纳的影响,结果如图 3-7 所示。图中曲线表明:等效线导纳曲线上的峰谷数目受到 p 值影响显著。p 值代表了正弦激励的分布形态,为正弦激励力在激励线上的半波长的个数,p 值增大导致曲线的整体模态向高频移动。与均匀激励下的线导纳曲线相似,正弦激励下的线导纳同样具有随频率增高而递减的特性。

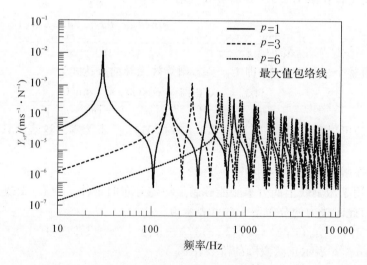

图 3-7 正弦激励力线导纳计算曲线

图 3-7 中,与任意 p 值所对应的等效线导纳曲线上,峰值点处于一条直线上。进一步比较不同 p 值对应的等效线导纳的峰值所处的直线,发现对于不同的 p 值,其峰值所处的直线基本重合,如图 3-7 中的斜线所示。这是由于当 p 固定时,在每一个峰值点处,必定满足 $\omega = \omega_{pn_i}$,其中 n_i 为 $\omega = \omega_{pn_i}$ 时 y 方向的半波数。此时,等效输入线导纳 $Y_{\Sigma L_1, L_1}$ 主要由第 n_i 个分量所决定,进而对式(3-19)进行化简得到

$$Y_{\Sigma L_1, L_1} \approx \frac{\sin^2(k_{n_i} y_1)}{2ab\rho h\eta\omega_{pn_i}} \quad (3-20)$$

对式(3-20)两边取对数,可以得到

$$Y_{\Sigma L_1, L_1} \approx -\lg \omega_{pn_i} + C \tag{3-21}$$

其中,$C = \lg[(1-\cos(2n_i\pi y_0/b))/4ab\rho h\eta_{pn_i}]$。

仿真计算中令 $y_0 = b/q$,其中 b,q 分别为矩形板的宽度和激励线所在位置与矩形板宽度的比值。将 $y_0 = b/q$ 代入式(3-21)中,$C = \lg\{[1-\cos(2n_i\pi/q)]/4ab\rho h\eta\}$。当 n_i 为 q 的整数倍时,$C = 0$,对应 $Y_{\Sigma L_1, L_1}$ 不为峰值;否则 C 为非零常数。因此,$Y_{\Sigma L_1, L_1} \lg Y_{Q_i}$ 与 $\lg \omega_{pn_i}$ 近似为线性关系。

(3) 近似高斯分布线力激励

当 L_1 上线力为图 3-8 所示的近似高斯分布时,线力的分布型函数可表示为

$$g(x) = \left[1 + \cos\left(\frac{2\pi x}{a} - 1\right)\right]^\gamma, \gamma \geq 0 \tag{3-22}$$

其中,参数 γ 为幂常数,表示高斯分布曲线的"高瘦矮胖"的程度,γ 越大,分布曲线越显高瘦,如图 3-9 所示。

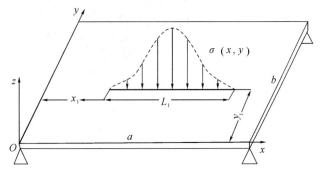

图 3-8 正太力分布下的简支板结构图

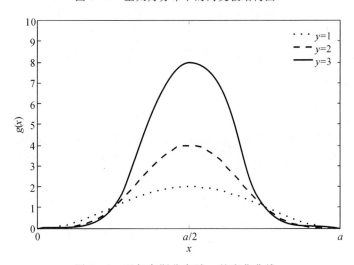

图 3-9 近似高斯分布随 γ 的变化曲线

将式(3-22)代入式(3-12),得到近似高斯分布力激励下线 L_1 处等效输入线导纳为

$$Y_{\Sigma L_1, L_1} = \frac{j4\omega}{\rho h a b L_1^2} \sum_{m=1}^{\infty} \sum_{n=1}^{\infty} \frac{\left[\int_{x_1}^{x_1+L_1} [1+\cos(\pi x)]^\gamma \sin(k_m x) \, dx\right]^2 \sin^2(k_n y_1)}{\omega_{mn}^2(1+j\eta) - \omega^2} \tag{3-23}$$

3.2 加筋板等效机械导纳

工程实际中使用的矩形板尺寸较大,为了增加结构刚度,延长使用寿命,常在匀质板上附加加强筋。加强筋的出现改变了匀质结构的振动特性,增加了其弯曲刚度,有助于降低其振动响应。典型的加筋板结构如图3-10所示,板在长度方向含有等间距分布的加强筋。

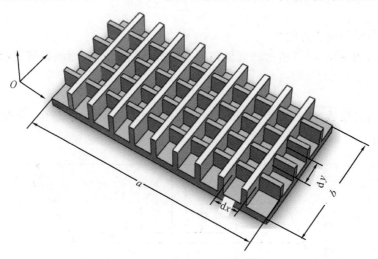

图 3-10 加筋板结构示意图

加筋板结构振动特性分析相对较为困难,周期理论模型和正交异性等效模型是目前广泛使用的加筋板振动特性分析建模方法,但均存在各自优缺点。周期理论模型所得结果较为精确,但无法给出机械导纳的显式表达式,因此在复杂耦合系统分析中计算与优化的效率受到限制。正交异性等效模型能给出近似解,但计算量小。为了便于后续计算加筋耦合结构的振动特性,有必要寻找能够获得加筋板机械导纳显式表达式的计算方法。

3.2.1 周期理论模型

周期理论模型是指将加强筋作为离散单元,分别建立均质矩形底板和加强筋的振动方程,进而根据二者的边界连续条件得到耦合振动方程。为了简便,采用模态叠加法表征匀质矩形底板和加强筋的振动响应。根据 Poisson-Kirchhoff 薄板理论,双向加筋板弯曲振动方程为[137]

$$(D_p \nabla^4 - \omega^2 \rho h) w(x,y) = F_e \delta(x-x_e) \delta(y-y_e) + M_{xe} \delta(x-x_e) \delta'(y-y_e) +$$
$$M_{ye} \delta'(x-x_e) \delta(y-y_e) - \sum_{i=1}^{Nx} [F_{pi} \delta(y-id_y) + M_{pi} \delta'(y-id_y)] -$$
$$\sum_{j=1}^{Ny} [F_{pj} \delta(x-jd_x) + M_{pj} \delta'(x-jd_x)] \qquad (3-24)$$

其中,∇^4 为拉普拉斯算子;$D_p = E(1+j\eta)h_p^3/12(1-\sigma^2)$ 为匀质矩形板的弯曲刚度;E,η,h_p,σ,ρ 分别为匀质矩形板的弹性模量、损耗因子、厚度、泊松比和密度;F_e,M_e 分别为板受到的外界力激励和力矩激励;F_{pi},M_{pi} 分别为板受到的沿 x 方向分布的第 i 条筋的横向力和力矩；F_{pj}，M_{pj} 分别为板受到的沿 y 方向分布的第 j 条筋的横向力和力矩；N_x 和 N_y 分别为 x 和 y 方向上加强筋的个数；δ 表示狄拉克函数；δ' 表示狄拉克函数对其相应参数的一阶导数。

将加强筋看作是矩形梁，假设它关于中性面对称，则其弯曲振动和扭转振动是分离的。此时，沿 x 方向分布加强筋的弯曲和扭转振动方程分别为[17]

$$EI_i \frac{\partial^4 w_i(x)}{\partial x^4} - \rho S_i \omega^2 w_i(x) = F_{ri} \qquad (3-25)$$

$$EI_i^w \frac{\partial^4 \tilde{\omega}_i(x)}{\partial x^4} - GJ_i \frac{\partial^2 \tilde{\omega}_i(x)}{\partial x^2} - \omega^2 \rho I_i^o \tilde{\omega}_i(x) = M_{ri} \qquad (3-26)$$

其中，$i=1,2,\cdots,N_x$；$w_i(x)$ 和 $\tilde{\omega}_i(x)$ 分别为沿 x 方向排列，第 i 根梁的横向位移和扭转位移；EI_i 为梁的抗弯曲刚度；GJ_i 为梁均匀变形时的圣维南抗扭转刚度；G 为剪切模量；EI_i^w 为梁非均匀变形时对应的翘曲刚度；ρS_i 为梁单位长度的质量；ρI_i^o 为梁单位长度的质量惯性；F_{ri}，M_{ri} 分别为匀质矩形板作用于第 i 根梁的横向力和力矩；S_i，I_i，I_i^w，J_i，I_i^o 分别为第 i 根梁的横截面积、惯性矩、曲翘惯性矩、抗扭惯性矩和极惯性矩，相关表达式为

$$I_i = b_i h_i^3 / 12 \qquad (3-27)$$

$$J_i = \alpha b_i^3 h_i \qquad (3-28)$$

$$I_i^o = (b_i h_i^3 + h_i b_i^3)/12 \qquad (3-29)$$

其中，b_i，h_i 分别为梁的宽度和高度；α 为与 h/b 相关的量；I_i^w 计算较为复杂，可以通过有限元软件 ANSYS 作截面分析获得。

类似地，沿 y 方向分布加强筋的弯曲和扭转振动方程分别为

$$EI_j \frac{\partial^4 w_j(y)}{\partial y^4} - \rho S_j \omega^2 w_j(y) = F_{rj} \qquad (3-30)$$

$$EI_j^w \frac{\partial^4 \tilde{\omega}_j(y)}{\partial y^4} - GJ_j \frac{\partial^2 \tilde{\omega}_j(y)}{\partial y^2} - \omega^2 \rho I_j^o \tilde{\omega}_j(j) = M_{rj} \qquad (3-31)$$

加强筋和匀质板在连接边界处满足振动响应连续条件，即

$$F_{ri} + F_{pi} = 0 \qquad (3-32)$$

$$M_{ri} + M_{pi} = 0 \qquad (3-33)$$

$$F_{rj} + F_{pj} = 0 \qquad (3-34)$$

$$M_{rj} + M_{pj} = 0 \qquad (3-35)$$

$$w_i(x) = w(x, y_i) \qquad (3-36)$$

$$\tilde{\omega}_i(x) = \frac{\partial w(x,y)}{\partial y} \bigg| y = y_i \qquad (3-37)$$

$$w_j(y) = w(x_j, y) \qquad (3-38)$$

$$\tilde{\omega}_j(y) = \frac{\partial w(x,y)}{\partial x} \bigg| x = x_j \qquad (3-39)$$

根据模态叠加法，匀质矩形板上任意点的弯曲振动响应可以表示为

$$w(x,y) = \sum_{m=1}^{+\infty} \sum_{n=1}^{+\infty} w_{mn} \Phi_{mn}(x,y) \qquad (3-40)$$

其中，w_{mn} 为匀质板弯曲振动的模态参与因子；$\Phi_{mn}(x,y)$ 为模态振型。当匀质板的边界条件为四边简支时，$\Phi_{mn}(x,y) = \sin(k_m x)\sin(k_n y)$，$k_m = m\pi/a$，$k_n = n\pi/b$，$a$ 和 b 分别为匀质矩形板的长度和宽度。

假设加强筋随时间作简谐振动,则筋上任意点弯曲振动响应和扭转振动响应同样可以用模态叠加表示为

$$w_i(x) = \sum_{m=1}^{+\infty} w_m \varphi_m(x) \tag{3-41}$$

$$\bar{\omega}_i(x) = \sum_{m=1}^{+\infty} \bar{\omega}_m \varphi_m(x) \tag{3-42}$$

$$w_j(y) = \sum_{n=1}^{+\infty} w_n \varphi_n(y) \tag{3-43}$$

$$\bar{\omega}_j(y) = \sum_{n=1}^{+\infty} \bar{\omega}_n \varphi_n(y) \tag{3-44}$$

其中,w_m 和 $\bar{\omega}_m$ 分别为沿 x 方向分布加强筋的弯曲和扭转振动的模态参与因子;w_n 和 $\bar{\omega}_n$ 分别为沿 y 方向分布加强筋的弯曲和扭转振动的模态参与因子;$\varphi_m(x)$ 和 $\varphi_n(y)$ 分别为 x 和 y 方向的模态振型函数,当加强筋为简支时,$\varphi_m(x) = \sin(k_m x)$,$\varphi_n(y) = \sin(k_n y)$。

分别将式(3-40)~式(3-44)代入式(3-36)~式(3-39),得到

$$w_m = \sum_{n=1}^{+\infty} w_{mn} \sin(k_n y_i) \tag{3-45}$$

$$\bar{\omega}_m = \sum_{n=1}^{+\infty} w_{mn} k_n \cos(k_n y_i) \tag{3-46}$$

$$w_n = \sum_{m=1}^{+\infty} w_{mn} \sin(k_m x_j) \tag{3-47}$$

$$\bar{\omega}_n = \sum_{m=1}^{+\infty} w_{mn} k_m \cos(k_m x_j) \tag{3-48}$$

将式(3-25)~式(3-31)代入式(3-24)中,并联立式(3-32)~式(3-35),以及式(3-45)~式(3-48),得到下面的耦合振动方程:

$$\sum_{m=1}^{+\infty}\sum_{n=1}^{+\infty}[D_p(k_m^2+k_n^2)^2-\omega^2\rho h]w_{mn}\sin(k_m x)\sin(k_n y) =$$
$$F_e\delta(x-x_e)\delta(y-y_e)+M_{xe}\delta(x-x_e)\delta'(y-y_e)+M_{ye}\delta'(x-x_e)\delta(y-y_e)-$$
$$\sum_{m=1}^{+\infty}\sum_{n=1}^{+\infty}\sum_{i=1}^{I}(EI_i k_m^4-\rho S_i \omega^2)w_{mn}\sin(k_m x)\sin(k_n y_i)\delta(y-id_y)-$$
$$\sum_{m=1}^{+\infty}\sum_{n=1}^{+\infty}\sum_{i=1}^{I}(EI_i^w k_m^4-GJ_i k_m^2-\omega^2\rho I_i^o)w_{mn}\sin(k_m x)k_n\cos(k_n y_i)\delta'(y-id_y)-$$
$$\sum_{m=1}^{+\infty}\sum_{n=1}^{+\infty}\sum_{j=1}^{J}(EI_j k_n^4-\rho S_j \omega^2)w_{mn}\sin(k_m x_j)\sin(k_n y)\delta(x-jd_x)-$$
$$\sum_{m=1}^{+\infty}\sum_{n=1}^{+\infty}\sum_{j=1}^{J}(EI_j^w k_n^4-GJ_j k_n^2-\omega^2\rho I_j^o)w_{mn}k_m\cos(k_m x_j)\sin(k_n y)\delta'(x-jd_x) \tag{3-49}$$

其中,I 和 d_x 为沿 x 轴方向加强筋的总根数和间距;J 和 d_y 为沿 y 轴方向加强筋的总根数和间距。

将式(3-49)两边同时乘以板的第 (p,q),$(p,q\in \mathbf{Z})$ 阶振型函数 $\sin(k_p x)\sin(k_q y)$,并对板的整个表面进行积分,则利用三角函数的正交性,得到

$$\frac{ab}{4}[D_p\,(k_p^2+k_q^2)^2-\omega^2\rho h]w_{pq}=$$

$$\int_0^b\int_0^a\begin{bmatrix}F_e\delta(x-x_e)\delta(y-y_e)\\+M_{xe}\delta(x-x_e)\delta'(y-y_e)+M_{ye}\delta'(x-x_e)\delta(y-y_e)\end{bmatrix}\sin(k_px)\sin(k_qy)\mathrm{d}x\mathrm{d}y-$$

$$\frac{a}{2}\sum_{n=1}^{+\infty}\sum_{i=1}^{I}(EI_ik_p^4-\rho S_i\omega^2)w_{pn}\sin(k_ny_i)\int_0^b\sin(k_qy)\delta(y-id_y)\mathrm{d}y-$$

$$\frac{a}{2}\sum_{n=1}^{+\infty}\sum_{i=1}^{I}(EI_i^w k_p^4-GJ_ik_p^2-\omega^2 I_i^o)w_{pn}k_n\cos(k_ny_i)\int_0^b\sin(k_qy)\delta'(y-id_y)\mathrm{d}y-$$

$$\frac{b}{2}\sum_{m=1}^{+\infty}\sum_{j=1}^{J}(EI_jk_q^4-\rho S_j\omega^2)w_{mq}\sin(k_mx_j)\int_0^a\sin(k_px)\delta(x-jd_x)\mathrm{d}x-$$

$$\frac{b}{2}\sum_{m=1}^{+\infty}\sum_{j=1}^{J}(EI_j^w k_q^4-GJ_jk_q^2-\omega^2 I_j^o)w_{mq}k_m\cos(k_mx_j)\int_0^a\sin(k_px)\delta'(x-jd_x)\mathrm{d}x$$

$$(3-50)$$

根据狄拉克函数的性质,式(3-50)可化简并写成标准矩阵的形式,即

$$(\boldsymbol{K}-\omega^2\boldsymbol{M})\boldsymbol{w}=F_e\sin(k_px_e)\sin(k_qy_e)+M_{xe}k_q\sin(k_px_e)\cos(k_qy_e)+\\M_{ye}k_p\cos(k_px_e)\sin(k_qy_e) \quad (3-51)$$

其中,$\boldsymbol{w}$ 为板的模态幅值向量,若计算中取板的模态数上限分别为 M,N,则

$$\boldsymbol{w}=[w_{11}\quad w_{12}\quad \cdots\quad w_{1N}\quad w_{21}\quad \cdots\quad w_{2N}\quad \cdots\quad w_{mN}\quad \cdots\quad w_{MN}]^T \quad (3-52)$$

质量矩阵 $\boldsymbol{M}$ 的形式为

$$\boldsymbol{M}=\begin{bmatrix}M_{1111}&M_{1112}&\cdots&M_{11pq}&\cdots&M_{11MN}\\M_{1211}&M_{1212}&\cdots&M_{12pq}&\cdots&M_{12MN}\\\vdots&&\ddots&&&\\M_{mn11}&\cdots&&M_{mnpq}&&\\\vdots&&&&\ddots&\\M_{MN11}&&&&&M_{MNMN}\end{bmatrix}^T \quad (3-53)$$

且质量矩阵 $\boldsymbol{M}$ 中每个单元的表达式为

$$M_{mnpq}=\frac{a\rho}{2}\sum_{i=1}^{I}[S_{yi}\sin(k_ny_i)\sin(k_qy_i)+I_i^o k_n k_q\cos(k_ny_i)\cos(k_qy_i)]\delta_{mp}+$$

$$\frac{b\rho}{2}\sum_{j=1}^{J}[S_j\sin(k_mx_j)\sin(k_px_j)+I_j^o k_m k_p\cos(k_mx_j)\cos(k_px_j)]\delta_{nq}+\frac{ab}{4}\rho h\delta_{mp}\delta_{nq} \quad (3-54)$$

刚度矩阵 $\boldsymbol{K}$ 的形式与质量矩阵 $\boldsymbol{M}$ 相似,其单元的表达式为

$$K_{mnpq}=\frac{ab}{4}D_p\,(k_p^2+k_q^2)^2\delta_{mp}\delta_{nq}+$$

$$\frac{a}{2}\sum_{i=1}^{I}[EI_ik_p^4\sin(k_ny_i)\sin(k_qy_i)+(EI_i^w k_p^4-GJ_ik_p^2)k_n k_q\cos(k_ny_i)\cos(k_qy_i)]\delta_{mp}+$$

$$\frac{b}{2}\sum_{j=1}^{J}[EI_jk_q^4\sin(k_mx_j)\sin(k_px_j)+(EI_j^w k_q^4-GJ_jk_q^2)k_m k_p\cos(k_mx_j)\cos(k_px_j)]\delta_{nq}$$

$$(3-55)$$

求解式(3-51),即可得到加筋板在外界力、力矩激励下的每一阶模态参与因子,进而结合

式(3-40)可以得到加筋板上任意一点的振动位移响应。根据位移与速度及角速度的关系,可以得到加筋板振动在点力、力矩激励下的弯曲速度、角速度响应对应的点导纳。

3.2.2 各向异性等效模型

3.2.1节建立了加筋板的周期理论模型,此方法能够计算加筋板结构的等效机械导纳,却无法给出其显式表达式。由于难以获得导纳矩阵,因而周期理论模型不适用于复杂耦合系统振动特性分析。为此,需要寻找一种能够获得加筋板机械导纳显式表达式的计算方法。

研究表明,可以通过将加强筋平铺到结构表面的方式,将加筋结构等效为各向异性结构,尤其是密加筋结构。因此当加强筋较密时,可以将加筋板等效为正交各向异性平板,其弯曲振动方程为[27]

$$D_x \frac{\partial^4 w(x,y)}{\partial x^4} + 2H \frac{\partial^4 w(x,y)}{\partial x^2 \partial y^2} + D_y \frac{\partial^4 w(x,y)}{\partial y^4} - \omega^2 \rho h_e w(x,y) = f(x,y)$$

(3-56)

其中,D_x和D_y为各向异性板在x和y方向的等效弯曲刚度;H为各向异性板的等效扭转刚度;h_e为等效厚度;$f(x,y)$为外界激励。

假设加筋板中的匀质底板为各向同性板,筋的材料与底板材料相同。保证等效前后结构的总质量不变,分别将沿x轴方向和沿y轴方向排列加强筋平铺到底部均值板的表面,对应的等效高度分别为

$$h_{ey} = \frac{b_i h_i}{d_j}; \quad h_{ex} = \frac{b_j h_j}{d_i}$$

(3-57)

若将x轴方向和y轴方向加强筋同时按质量相等方式平铺到底部的均质平板上,得到各向异性板的等效厚度h_e为

$$h_e = h + \frac{b_i h_i}{d_j} + \frac{b_j h_j}{d_i} - \frac{b_i b_j \min\{h_i, h_j\}}{d_i d_j}$$

(3-58)

其中,h为等效前底部平板的厚度;d_i和d_j为沿x和y方向排列加强筋的间距;b_i和h_i为x方向加强筋的宽度和高度;b_j和h_j为y方向加强筋的宽度和高度;$\min\{h_i, h_j\}$表示取h_i和h_j中的较小值。

加强筋的存在改变了匀质矩形板中性面的位置。图3-11所示为将沿y轴方向的加强筋等效平铺到弹性板表面后的情形,h_{ey}为将沿y轴方向的加强筋等效平铺到弹性板表面后增加的高度;d_y为考虑加强筋后沿y轴方向等效板底面与中性面之间的距离。考虑加强筋后沿x轴方向等效板的底面与中性面的距离d_x为

$$d_x = \frac{\frac{1}{2} d_i d_j h^2 + d_i b_i h_i \left(h + \frac{h_i}{2}\right) + d_j b_j h_j \left(h + \frac{h_{ex}}{2}\right) - b_i b_j \min\{h_i, h_j\} \left(h + \frac{\min\{h_i, h_j\}}{2}\right)}{d_i d_j h + d_i b_i h_i + d_j b_j h_j - b_i b_j \min\{h_i, h_j\}}$$

(3-59)

各向异性板沿x轴方向的等效弯曲刚度为

$$D_x = E(I_p^x + I_j^x + I_i^x)$$

(3-60)

其中,I_p^x,I_j^x和I_i^x分别为底部平板、沿y方向的加强筋和沿x方向的加强筋绕x轴方向关于新中性面的截面转动惯量,其表达式如下

$$I_p^x = \frac{h^3}{12(1-\sigma^2)} + \left(d_x - \frac{h}{2}\right)^2 h \qquad (3-61)$$

$$I_i^x = \frac{1}{d_j}\left[\frac{b_i h_i^3}{12} + \left(h_i + h - d_x - \frac{h_i}{2}\right)^2 b_i h_i\right] \qquad (3-62)$$

$$I_j^x = \frac{h_{ex}^3}{12} + h_{ex}\left(\frac{h_{ex}}{2} + h - d_x\right)^2 \qquad (3-63)$$

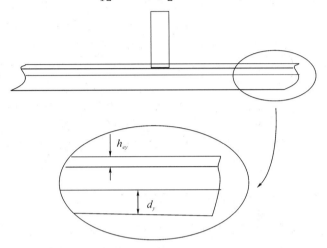

图 3-11 将筋平铺到板上后等效高度示意图

如图 3-11 所示,考虑加强筋后沿 y 轴方向等效板底面与中性面的距离 d_y 为

$$d_y = \frac{\frac{1}{2}d_i d_j h^2 + d_i b_i h_i\left(h + \frac{h_{ey}}{2}\right) + d_j b_j h_j\left(h + \frac{h_j}{2}\right) - b_i b_j \min\{h_i, h_j\}\left(h + \frac{\min\{h_i, h_j\}}{2}\right)}{d_i d_j h + d_i b_i h_i + d_j b_j h_j - b_i b_j \min\{h_i, h_j\}}$$

$$(3-64)$$

加强筋的存在使弹性板的弯曲刚度增大,同时考虑 x 和 y 方向加强筋的作用,各向异性板沿 x 轴方向的等效弯曲刚度为

$$D_y = E(I_p^y + I_j^y + I_i^y) \qquad (3-65)$$

其中,I_p^y,I_j^y 和 I_i^y 分别为底部平板、沿 y 方向的加强筋和沿 x 方向的加强筋绕 y 轴方向关于新中性面的截面转动惯量,其表达式为

$$I_p^y = \frac{h^3}{12(1-\sigma^2)} + \left(d_y - \frac{h}{2}\right)^2 h \qquad (3-66)$$

$$I_j^y = \frac{1}{d_i}\left[\frac{b_j h_j^3}{12} + \left(h_j + h - d_y - \frac{h_j}{2}\right)^2 b_j h_j\right] \qquad (3-67)$$

$$I_i^y = \frac{h_{ey}^3}{12} + h_{ey}\left(\frac{h_{ey}}{2} + h - d_y\right)^2 \qquad (3-68)$$

等效后各向异性板的扭转刚度为

$$H = \frac{Eh^3}{12(1-\sigma^2)} + \frac{G}{2}\left(\frac{J_j N_y}{a} + \frac{J_i N_x}{b}\right) \qquad (3-69)$$

其中,G 为材料的剪切模量;J_i 和 J_j 分别为 x 和 y 方向加强筋的极惯性矩;N_x 和 N_y 分别为 x 和 y 方向加强筋的个数。

当加筋板的边界条件为四边简支时,其固有频率为

$$\bar{\omega}_{pmn} = \frac{1}{\sqrt{\rho h_e}} \sqrt{D_x k_m^4 + 2H k_m^2 k_n^2 + D_y k_n^4} \qquad (3-70)$$

其中,$k_m = m\pi/a$,$k_n = n\pi/b$,分别为沿板长度和宽度方向的半波数。

将加筋板等效为各向异性板后,可得加筋板受点力激励引起点弯曲振动响应对应导纳 Y_{vF},以及绕 y 轴点力矩激励引起对应方向弯曲角速度响应点的导纳 Y_{aM} 的表达式分别为

$$Y_{vF}(x_2, y_2 | x_1, y_1) = \frac{4j\omega}{\rho h_e ab} \sum_{m=1}^{\infty} \sum_{n=1}^{\infty} \frac{\sin(k_m x_1) \sin(k_n y_1) \sin(k_m x_2) \sin(k_n y_2)}{\bar{\omega}_{pmn}^2 (1+j\eta_p) - \omega^2} \qquad (3-71)$$

$$Y_{aM}(x_2, y_2 | x_1, y_1) = \frac{4j\omega}{\rho h_e ab} \sum_{m=1}^{\infty} \sum_{n=1}^{\infty} \frac{k_m^2 \cos(k_m x_1) \sin(k_n y_1) \cos(k_m x_2) \sin(k_n y_2)}{\bar{\omega}_{pmn}^2 (1+j\eta_p) - \omega^2} \qquad (3-72)$$

其中,(x_1, y_1),(x_2, y_2) 分别为激励点和响应点的坐标,若二者相同,即获得输入点导纳。

3.3 复杂激励下加筋板等效机械导纳

3.3.1 设备安装点与衔接线之间的等效机械导纳

由 3.2 节的分析可知,四边简支加筋板受随时间简谐变化的横向点力激励时,对应其上弯曲振动速度响应点的导纳如式(3-71)所示。假定加筋板与其他结构的衔接线平行于其长度方向,即衔接线沿 x 方向,如图 3-12 所示。下面介绍点力激励对应衔接线上弯曲振动速度和角速度响应的等效机械导纳。

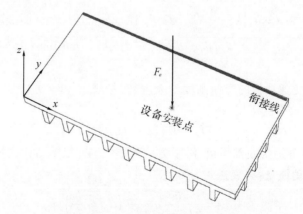

图 3-12 设备安装点到衔接线传递机械导纳示意图

根据弯曲角速度与弯曲速度响应间的关系 $\alpha(x, y) = \partial w(x, y)/\partial y$,由式(3-71)可以得到横向点力激励引起加筋板弯曲角速度响应的点导纳表达式为

$$Y_{aF}(x_1, y_1 | x_2, y_2) = \frac{4j\omega}{\rho h_e ab} \sum_{m=1}^{\infty} \sum_{n=1}^{\infty} \frac{k_n \sin(k_m x_1) \sin(k_n y_1) \sin(k_m x_2) \cos(k_n y_2)}{\bar{\omega}_{pmn}^2 (1+j\eta) - \omega^2} \qquad (3-73)$$

对于加筋板,其在衔接线上受到的耦合力和耦合弯矩均为正弦分布,即

$$g_2(x, y) = \sin(k_n x) \delta(y - y_2) \qquad (3-74)$$

分别将式(3-71)和式(3-74)、式(3-73)和式(3-74)代入等效机械导纳一般表达式,得到加筋板受外界横向点力激励下,任意一条线 $y = y_2$ 上第 n 阶弯曲振动速度响应和角速度响应对

应的等效传递机械导纳表达式分别为

$$Y_{vF}(y=y_2|x_1,y_1) = \frac{2j\omega}{\rho h_e ab}\sum_{m=1}^{\infty}\frac{\sin(k_n x_1)\sin(k_m y_1)\sin(k_m y_2)}{\bar{\omega}_{mn}^2(1+j\eta)-\omega^2} \quad (3-75)$$

$$Y_{aF}(y=y_2|x_1,y_1) = \frac{2j\omega}{\rho h_e ab}\sum_{m=1}^{\infty}\frac{k_m\sin(k_n x_1)\sin(k_m y_1)\cos(k_m y_2)}{\bar{\omega}_{mn}^2(1+j\eta)-\omega^2} \quad (3-76)$$

利用前面建立的仿真模型,开展计算分析。假设单位力激励位于$(a/N_x^{ex},b/N_y^{ex})$处,考察$y_2=b/N_y^{re}$线上的弯曲速度和角速度响应,其中N_x^{ex},N_y^{ex}和N_y^{re}为正整数。式(3-75)和式(3-76)表明:若n为N_y^{ex}的整数倍,则$y_2=b/N_y^{re}$线上第n阶速度和角速度响应均为0。

3.3.2 衔接线之间的等效机械导纳

工程应用中,加筋板常通过多条平行衔接线与其他结构连接。这里分析加筋板在线$y=y_1$上分别受到力和弯矩激励时,对应另一线$y=y_2$上弯曲速度和角速度响应的等效机械线导纳,如图3-13所示。

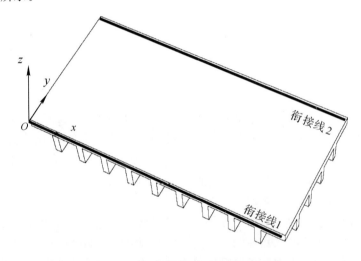

图3-13 加筋板的两条衔接线示意图

四边简支加筋板受横向点力激励引起板上弯曲振动速度响应和弯曲角速度响应的点导纳分别如式(3-71)和式(3-73)所示。衔接线上耦合力和耦合弯矩均为正弦分布。根据等效机械线导纳的定义,得到横向线力激励下加筋板上弯曲振动速度和角速度响应的等效机械线导纳表达式分别为

$$Y_{vF}(y=y_2|y=y_1) = \frac{j\omega}{\rho h_e ab}\sum_{m=1}^{\infty}\frac{\sin(k_m y_1)\sin(k_m y_2)}{\bar{\omega}_{mn}^2(1+j\eta)-\omega^2} \quad (3-77)$$

$$Y_{aF}(y=y_2|y=y_1) = \frac{j\omega}{\rho h_e ab}\sum_{m=1}^{\infty}\frac{k_m^2\sin(k_m y_1)\cos(k_m y_2)}{\bar{\omega}_{mn}^2(1+j\eta)-\omega^2} \quad (3-78)$$

根据模态叠加法,四边简支加筋板在点力矩激励下弯曲振动速度响应表达式为

$$v(x,y) = \frac{4j\omega}{\rho h_e ab}\sum_{m=1}^{\infty}\sum_{n=1}^{\infty}\frac{\iint_{x}\int_{y}\frac{\partial\sigma(x,y)}{\partial y}\sin(k_n x)\sin(k_m y)\mathrm{d}x\mathrm{d}y}{\bar{\omega}_{mn}^2(1+j\eta)-\omega^2}\sin(k_n x)\sin(k_m y) \quad (3-79)$$

其中,$\sigma(x,y)$为力矩的分布型函数。

根据点导纳的定义，由式(3-79)可以得到加筋板上任意一点(x_1,y_1)处力矩激励引起另一点(x_2,y_2)上弯曲速度和角速度响应的传递点导纳表达式分别为

$$Y_{vM}(x_2,y_2\mid x_1,y_1)=\frac{\mathrm{j}4\omega}{\rho h_e ab}\sum_{m=1}^{\infty}\sum_{n=1}^{\infty}\frac{k_m\sin(k_n x_1)\cos(k_m y_1)\sin(k_n x_2)\sin(k_m y_2)}{\bar{\omega}_{mn}^2(1+\mathrm{j}\eta)-\omega^2}$$
(3-80)

$$Y_{aM}(x_2,y_2\mid x_1,y_1)=\frac{\mathrm{j}4\omega}{\rho h_e ab}\sum_{m=1}^{\infty}\sum_{n=1}^{\infty}\frac{k_m^2\sin(k_n x_1)\cos(k_m y_1)\sin(k_n x_2)\cos(k_m y_2)}{\bar{\omega}_{mn}^2(1+\mathrm{j}\eta)-\omega^2}$$
(3-81)

由于衔接线上耦合弯矩可以用正弦分布表示，分别将式(3-80)和式(3-81)代入第2章中等效机械线导纳的定义，得到加筋板受线分布力矩激励引起板上另一线上弯曲速度和角速度响应的等效机械线导纳表达式分别为

$$Y_{vM}(y=y_2\mid y=y_1)=\frac{\mathrm{j}\omega}{\rho h_e ab}\sum_{m=1}^{\infty}\frac{k_m\sin(k_m y_1)\cos(k_m y_2)}{\bar{\omega}_{mn}^2(1+\mathrm{j}\eta)-\omega^2}$$
(3-82)

$$Y_{aM}(y=y_2\mid y=y_1)=\frac{\mathrm{j}\omega}{\rho h_e ab}\sum_{m=1}^{\infty}\frac{k_m^2\cos(k_m y_1)\cos(k_m y_2)}{\bar{\omega}_{mn}^2(1+\mathrm{j}\eta)-\omega^2}$$
(3-83)

3.4 本章小结

本章首先分析了匀质板结构的机械点导纳特性以及线激励的分布形式对其等效线导纳的影响；进而分别建立了加筋板的周期理论模型和各向异性等效模型，对比分析了两种模型的特点；最后基于各向异性等效模型，分析了复杂激励下加筋板的等效机械导纳特性，包括点到线的等效机械导纳和线到线的等效机械导纳等。

通过本章分析，可得出以下结论：

(1)增大结构阻尼会使匀质板的传递导纳明显降低，在高于匀质板的临界频率二倍的分析频带内，传递点导纳远小于输入点导纳，在计算耦合结构的振动特性时可以忽略。

(2)加筋板的周期理论模型和各向异性等效模型均能反映其等效机械导纳特性，其中周期理论模型精确解能够给出丰富的模态信息，但计算量大，各向异性等效模型虽然只能得到近似解，但计算量小，且能够给出结构等效机械导纳的显式表达式。因此，在计算加筋板的机械导纳特性时可根据具体需要选择合适的模型。

(3)线激励力的分布形式对匀质板的等效机械导纳具有重要影响，以往研究中有研究者将线激励或面激励简单处理为均匀分布是不合适的，等效导纳计算方法应当建立在合理的激励分布模型基础之上。激励线长度越短，结构的等效机械导纳越接近其点导纳；有限结构越大，其等效机械导纳越接近无限结构的等效机械导纳。对于衔接线间的等效机械线导纳，随着分析频率的增大，衔接线上不同阶耦合力对应的等效机械线导纳在低频段差异显著，在高频段则逐渐接近。

第4章 弹性圆柱壳结构等效机械导纳

弹性圆柱壳体由于其结构上的特点,广泛应用于石油管道、发动机汽缸、建筑结构、飞机以及舰船等民用及军事设施中。随着工业技术的发展,人们对这些圆柱壳结构的振动与噪声辐射问题日益关注。因此,通过研究圆柱壳的等效机械导纳特性以获得其振动规律不仅具有重要的学术意义,同时也具有较高的工程应用价值。

4.1 匀质圆柱壳等效机械导纳

4.1.1 机械点导纳

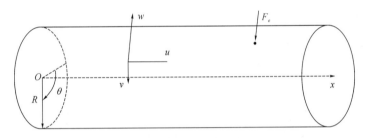

图 4-1 匀质圆柱壳示意图

两端简支匀质薄壁圆柱壳结构如图 4-1 所示,根据 Flügge 薄壳理论,在径向点力 $f_r = F_r\delta(x-x_1)\delta(\theta-\theta_1)$ 激励下的振动方程为[138]

$$
\left.\begin{aligned}
&\left\{\frac{\partial^2}{\partial x^2}+(1+\beta^2)\frac{(1-\sigma)}{2R^2}\frac{\partial^2}{\partial \theta^2}+\frac{\omega^2}{C_L^2}\right\}u+\frac{1+\sigma}{2R}\frac{\partial^2 v}{\partial x\partial\theta}+ \\
&\qquad\left\{\frac{\sigma}{R}\frac{\partial}{\partial x}-\beta^2 R\frac{\partial^3}{\partial x^3}+\beta^2\frac{(1-\sigma)}{2R}\frac{\partial^3 w}{\partial x\partial\theta^2}\right\}w=0 \\
&\frac{1+\sigma}{2R}\frac{\partial^2 u}{\partial x\partial\theta}+\left\{(1+3\beta^2)\frac{1-\sigma}{2}\frac{\partial^2}{\partial x^2}+\frac{1}{R^2}\frac{\partial^2}{\partial\theta^2}+\frac{\omega^2}{C_L^2}\right\}v+ \\
&\qquad\left\{\frac{1}{R^2}\frac{\partial}{\partial\theta}-\beta^2\frac{3-\sigma}{2}\frac{\partial^3}{\partial x^2\partial\theta}\right\}w=0 \\
&\left\{\frac{\sigma}{R}\frac{\partial}{\partial x}-\beta^2 R\frac{\partial^3}{\partial x^3}+\beta^2\frac{1-\sigma}{2R}\frac{\partial^3}{\partial x\partial\theta^2}\right\}u+\left\{\frac{1}{R^2}\frac{\partial}{\partial\theta}-\beta^2\frac{3-\sigma}{2}\frac{\partial^3}{\partial x^2\partial\theta}\right\}v+ \\
&\qquad\left\{\frac{1+\beta^2}{R^2}+\beta^2 R^2\nabla^4+\frac{2\beta^2}{R^2}\frac{\partial^2}{\partial\theta^2}-\frac{\omega^2}{C_L^2}\right\}w=-\frac{(1-\sigma^2)}{Eh}f_w^e
\end{aligned}\right\} \quad (4-1)
$$

其中,u,v,w 分别为圆柱壳沿轴向、切向和径向的振动响应;E,σ,ρ 分别为壳体材料的弹性模量、泊松比和质量密度;R 和 h 分别为壳体的半径和厚度;$\beta^2=h^2/12R^3$ 为圆柱壳的厚度因子;$C_L=\sqrt{E/\rho(1-\sigma^2)}$ 为壳体中纵波的波速;f_u^e,f_v^e,f_w^e 分别为沿轴向、切向和径向的外界

均布激励力;∇^4 的表达式为

$$\nabla^4 = \left(\frac{\partial^4}{\partial x^4} + \frac{2}{R^2} \frac{\partial^4}{\partial x^2 \partial \theta^2} + \frac{1}{R^4} \frac{\partial^4}{\partial \theta^4} \right) \quad (4-2)$$

根据模态叠加法[17],薄壁匀质圆柱壳在径向点力激励下的弯曲振动速度响应表达式为

$$w(x,\theta) = \frac{2\mathrm{j}\omega F_r}{\rho h \pi R L} \sum_{m=0}^{+\infty} \sum_{n=1}^{+\infty} \frac{\sin(k_n x_1)\sin(k_n x)\cos m(\theta-\theta_1)}{\varepsilon_m [\omega_{mn}^2 (1+\mathrm{j}\eta) - \omega^2]} \quad (4-3)$$

其中,j 表示虚数;ρ,η 分别为材料的质量密度和损耗因子;h,R,L 分别为圆柱壳的厚度、半径和长度;$k_n = n\pi/L$ 为沿轴向的半波数,n 为正整数,L 为圆柱壳的长度;m 为沿周向的半波数;当 $n=0$ 时 $\varepsilon_m = 2$,否则 $\varepsilon_m = 1$;ω 为角频率;ω_{mn} 为圆柱壳的第 (m,n) 阶固有频率。对于两端简支的圆柱壳,ω_{mn} 的近似表达式为

$$\omega_{mn}^2 = \frac{E}{\rho R^2} \left\{ \frac{(k_n R)^4}{[(k_n R)^2 + m^2]^2} + \frac{(h/R)^2}{12(1-\sigma^2)} [(k_n R)^2 + m^2]^2 \right\} \quad (4-4)$$

其中,E,σ 分别是材料的弹性模量和泊松比。

根据传递点导纳的定义,由式(4-3)得到圆柱壳的传递点导纳为

$$Y_{vF_r}(x_2,\theta_2 | x_1,\theta_1) = \frac{2\mathrm{j}\omega}{\rho h \pi R L} \sum_{m=0}^{+\infty} \sum_{n=1}^{+\infty} \frac{\sin(k_n x_1)\sin(k_n x_2)\cos m(\theta_1-\theta_2)}{\varepsilon_m [\omega_{mn}^2 (1+\mathrm{j}\eta) - \omega^2]} \quad (4-5)$$

无限长圆柱壳的输入点导纳为[139]

$$Y_0 = \begin{cases} 4\sqrt{2\rho h D} \sqrt{\frac{f_k}{f}} (1-\mathrm{j}) & f < f_k \\ 8\sqrt{\rho h D} & f > f_k \end{cases} \quad (4-6)$$

其中,f_k 为圆柱壳的环频,其表达式为 $f_k = C_L/2\pi R$,$C_L = \sqrt{E/[\rho(1-\sigma^2)]}$ 为厚度与壳体相同的板的纵波速;$D = Eh^3/12$ 为匀质圆柱壳的弯曲刚度。

图 4-2 所示为有限长壳体输入点导纳与无限长壳体输入点导纳的比较,从图中可以看出:有限长壳体输入点导纳的平均值与无限长壳体的输入点导纳相差不大,两条曲线随频率的变化趋势基本一致。壳体的输入点导纳随着频率的升高而增大,当分析频率高于环频 f_r = 581 Hz 时,有限长壳体的输入点导纳保持在一个稳定值附近,且频率越高越接近无限长壳体的输入点导纳曲线。

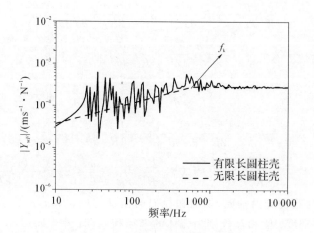

图 4-2 匀质圆柱壳传递点导纳

4.1.2 等效机械线导纳

下面分析匀质圆柱壳的等效机械线导纳特性。如图4-3所示,令圆柱壳在 $\theta=\theta_1$ 处受到线力 $\sigma_1(x,\theta)=F_1/L_1\sin(k_n x_1)\delta(\theta-\theta_1)$ 激励,其中 F_1 为激励线上力的总幅值。根据等效机械导纳的定义,激励线到结构上任意一条响应线 $\theta=\theta_2$ 的等效机械线导纳表达式为

$$Y_{vF_r}(\theta=\theta_2|\theta=\theta_1)=\frac{j\omega}{2\rho h\pi RL}\sum_{m=0}^{M}\sum_{n=1}^{N}\frac{\cos m(\theta_1-\theta_2)}{\varepsilon_m[\omega_{mn}^2(1+j\eta)-\omega^2]} \quad (4-7)$$

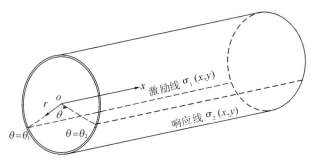

图4-3 匀质圆柱壳受线激励示意图

令激励线位于 $\theta=3\pi/4$ 处,由式(4-7)计算得到激励线到圆柱壳上不同线间的等效传递线导纳,得到如图4-4和图4-5所示曲线,其中图4-4为低频段,图4-5为高频段。由图4-4看出,低频段结构的模态密度较小,且激励线到圆柱壳其他母线处的等效线导纳沿周向近似正弦分布。图中曲线在15 Hz附近有两个峰值,分别对应圆柱壳 $m=4,n=1$ 阶固有频率14.7 Hz和 $m=5,n=1$ 阶固有频率15.4 Hz。图4-5中曲线表明:高频段结构模态密集,等效输入线导纳趋于稳定,而等效传递线导纳均小于等效输入线导纳。

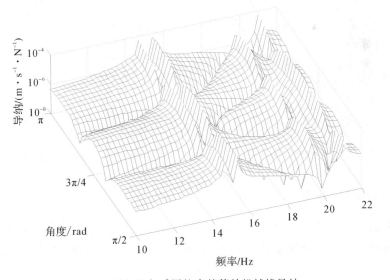

图4-4 低频段匀质圆柱壳的等效机械线导纳

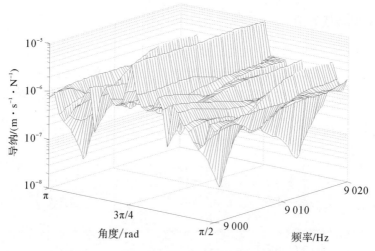

图 4-5 高频段匀质圆柱壳的等效机械线导纳

4.2 加筋圆柱壳等效机械导纳

工程中常用的加筋圆柱壳结构如图 4-6 所示,包括轴向筋条和周向环状筋。这些加强筋的存在增大了壳体的刚度,同时也使壳体的振动特性分析变得复杂。由于周向环状筋比轴向筋条对壳体刚度的影响更大,且周向环状筋加于壳体的内壁和外壁差别不大,本节重点分析圆柱壳外壁存在周向环状筋的情况。

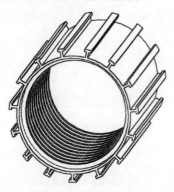

图 4-6 典型加筋圆柱壳

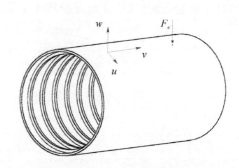

图 4-7 加环肋的圆柱壳结构示意图

4.2.1 周期理论模型

加环肋的圆柱壳结构如图 4-7 所示,在壳体的长度方向含有等间距分布的加强筋。这里所谓的周期理论模型是指将加强筋作为离散单元处理,与后面将阐述的等效各向异性模型,即将加强筋平铺到壳体表面的处理方法相对应。

将加强筋作为沿周线施加于匀质圆柱壳上的环形线力,包括沿其轴向、切向和径向的线力。假设圆柱壳内为真空,壳体受到简谐点力激励。根据 Flügge 薄壳理论,两端简支且含有加强筋的薄壁圆柱壳振动方程为[140]

$$\left.\begin{aligned}&\left\{\frac{\partial^2}{\partial x^2}+(1+\beta^2)\frac{(1-\sigma)}{2R^2}\frac{\partial^2}{\partial \theta^2}+\frac{\omega^2}{C_L^2}\right\}u+\frac{1+\sigma}{2R}\frac{\partial^2 v}{\partial x\partial \theta}+\\&\left\{\frac{\sigma}{R}\frac{\partial}{\partial x}-\beta^2 R\frac{\partial^3}{\partial x^3}+\beta^2\frac{(1-\sigma)}{2R}\frac{\partial^3}{\partial x\partial\theta^2}\right\}w=\frac{-1}{C_L^2\rho h}\left[f_u^e+\sum_{i=1}^{N_r}f_{u,i}^r\delta(x-id_r)\right]\\&\frac{1+\sigma}{2R}\frac{\partial^2 u}{\partial x\partial\theta}+\left\{(1+3\beta^2)\frac{1-\sigma}{2}\frac{\partial^2}{\partial x^2}+\frac{1}{R^2}\frac{\partial^2}{\partial\theta^2}+\frac{\omega^2}{C_L^2}\right\}v+\\&\left\{\frac{1}{R^2}\frac{\partial}{\partial\theta}-\beta^2\frac{3-\sigma}{2}\frac{\partial^3}{\partial x^2\partial\theta}\right\}w=\frac{-1}{C_L^2\rho h}\left[f_v^e+\sum_{i=1}^{N_r}f_{v,i}^r\delta(x-id_r)\right]\\&\left\{\frac{\sigma}{R}\frac{\partial}{\partial x}-\beta^2 R\frac{\partial^2}{\partial x^3}+\beta^2\frac{1-\sigma}{2R}\frac{\partial^3}{\partial x\partial\theta^2}\right\}u+\left\{\frac{1}{R^2}\frac{\partial}{\partial\theta}-\beta^2\frac{3-\sigma}{2}\frac{\partial^3}{\partial x^2\partial\theta}\right\}v+\\&\left\{\frac{1+\beta^2}{R^2}+\beta^2 R^2\nabla^4+\frac{2\beta^2}{R^2}\frac{\partial^2}{\partial\theta^2}-\frac{\omega^2}{C_L^2}\right\}w=-\frac{(1-\sigma^2)}{Eh}\left[f_w^e+\sum_{i=1}^{N_r}f_{w,i}^r\delta(x-id_r)\right]\end{aligned}\right\}$$

(4-8)

其中，u,v,w 分别为圆柱壳沿轴向、切向和径向的振动响应；E,σ,ρ 分别为壳体材料的弹性模量、泊松比和质量密度；R 和 h 分别为壳体的半径和厚度；$\beta^2=h^2/12R^3$ 为圆柱壳的厚度因子；$C_L=\sqrt{E/\rho(1-\sigma^2)}$ 为壳体中纵波的波速；f_u^e,f_v^e,f_w^e 分别为沿轴向、切向和径向的外界均布激励力；$f_{u,i}^r,f_{v,i}^r,f_{w,i}^r$ 为第 i 根环肋对圆柱壳的轴向、切向和径向线力；N_r 和 d_r 分别为环肋的总个数和间距。

如图 4-7 所示加筋圆柱壳中，壳上第 i 根环肋的振动方程为[140]

$$\left.\begin{aligned}&\frac{E\bar{I}}{R_1^4}\left(\frac{\partial^4 u_i^r}{\partial\theta^4}-\frac{\partial^2(R_1\varphi_i^r)}{\partial\theta^2}\right)-\frac{GJ}{R_1^4}\left(\frac{\partial^2 u_i^r}{\partial\theta^2}+\frac{\partial^2(R_1\varphi_i^r)}{\partial\theta^2}\right)-\omega^2\rho S u_i^r=F_{u,i}^r(\theta)\\&\frac{EI}{R_1^4}\left(\frac{\partial^3 w_i^r}{\partial\theta^3}-\frac{\partial^2 v_i^r}{\partial\theta^2}\right)-\frac{ES}{R_1^2}\left(\frac{\partial w_i^r}{\partial\theta}+\frac{\partial^2 v_i^r}{\partial\theta^2}\right)-\omega^2\rho S v_i^r=F_{v,i}^r(\theta)\\&\frac{EI}{R_1^4}\left(\frac{\partial^4 w_i^r}{\partial\theta^4}-\frac{\partial^3 v_i^r}{\partial\theta^3}\right)+\frac{ES}{R_1^2}\left(w_i^r+\frac{\partial v_i^r}{\partial\theta}\right)-\omega^2\rho S w_i^r=F_{w,i}^r(\theta)\\&\frac{E\bar{I}}{R_1^2}\left(R_1\varphi_i^r-\frac{\partial^2 u_i^r}{\partial\theta^2}\right)-\frac{GJ}{R_1^2}\left(\frac{\partial^2 u_i^r}{\partial\theta^2}+\frac{\partial^2(R_1\varphi_i^r)}{\partial\theta^2}\right)-\omega^2\rho I_p(R_1\varphi_i^r)=R_1 M_{w,i}^r(\theta)\end{aligned}\right\}$$

(4-9)

其中，S 和 R_1 分别为肋骨横截面积和其形心处的半径；$I,\bar{I}$ 和 I_p 分别为轴向惯性矩、径向惯性矩和极惯性矩，$I=b(d+h)^3/12$；$\bar{I}=b^3(d+h)/12$；$I_p=I+\bar{I}$；J 为加强筋截面的扭转惯性矩；$u_i^r,v_i^r,w_i^r,\varphi_i^r$ 分别为壳体沿轴向、周向以及径向的位移和转角；$\varphi_i^r=\partial w_i^r/\partial x$；$F_{u,i}^r$，$F_{v,i}^r$，$F_{w,i}^r$ 和 $M_{w,i}^r$ 分别表示作用于环肋上沿轴向、周向以及径向单位长度的外力和扭矩。

根据环肋与壳体在接触面上的边界连续条件，环筋在形心处的位移和受力可以用壳体中性面处的位移和力表示为

$$\left.\begin{aligned}u_i^r&=(u-e\varphi)|_{x=x_i}\\v_i^r&=\left[\left(1+\frac{e}{R}\right)v-\frac{e}{R}\frac{\partial w}{\partial\theta}\right]\bigg|_{x=x_i}\\w_i^r&=w|_{x=x_i}\\\varphi_i^r&=\varphi|_{x=x_i}\end{aligned}\quad\begin{aligned}F_{u,i}^r&=-f_{u,i}^r\\F_{v,i}^r&=-f_{v,i}^r\\F_{w,i}^r+\frac{\partial M_{w,i}^r}{\partial x}&=-f_{w,i}^r\end{aligned}\right\}$$

(4-10)

其中，$e=R_1-R$ 为环筋的偏心距；若 $e\ll R$，则 $u_i^r\approx u_{x=x_i}$，$v_i^r\approx v_{x=x_i}$；x_i 为第 i 根环肋在壳上的坐标。

假设壳体两端的边界条件为简支，满足边界条件的壳体位移响应的表达式为

$$\left.\begin{aligned} u &= \sum_{\alpha=0}^{1}\sum_{m=0}^{\infty}\sum_{n=1}^{\infty} U_{mn}\cos\left(m\theta+\frac{\alpha\pi}{2}\right)\cos(k_n x) \\ v &= \sum_{\alpha=0}^{1}\sum_{m=0}^{\infty}\sum_{n=1}^{\infty} V_{mn}\sin\left(m\theta+\frac{\alpha\pi}{2}\right)\sin(k_n x) \\ w &= \sum_{\alpha=0}^{1}\sum_{m=0}^{\infty}\sum_{n=1}^{\infty} W_{mn}\cos\left(m\theta+\frac{\alpha\pi}{2}\right)\sin(k_n x) \end{aligned}\right\} \quad (4-11)$$

其中，$k_n=n\pi/L$ 为沿壳体轴向的半波数，n 为正整数，L 为圆柱壳的长度；m 为沿周向的半波数；α 为 0 和 1，分别代表反对称模态和对称模态。

根据式(4-10)中壳体与环肋的位移连续条件，与位移表达式相类似，环肋受到的来自壳体的耦合力也可以表示为

$$\left.\begin{aligned} F_{u,i}^r &= \sum_{\alpha=0}^{1}\sum_{m=0}^{\infty} F_{u,i,m}^r\cos(m\theta)\delta(x-x_i) \\ F_{v,i}^r &= \sum_{\alpha=0}^{1}\sum_{m=0}^{\infty} F_{v,i,m}^r\sin(m\theta)\delta(x-x_i) \\ F_{w,i}^r &= \sum_{\alpha=0}^{1}\sum_{m=0}^{\infty} F_{w,i,m}^r\cos(m\theta)\delta(x-x_i) \\ M_{w,i}^r &= \sum_{\alpha=0}^{1}\sum_{m=0}^{\infty} M_{w,i,m}^r\cos(m\theta)\delta(x-x_i) \end{aligned}\right\} \quad (4-12)$$

其中，x_i 为环肋的轴向坐标。

将圆柱壳的位移表达式(4-11)和环肋所受耦合力的表达式(4-12)分别代入其振动方程式(4-8)和式(4-9)中，通过连续条件式(4-10)，可建立如下耦合振动方程：

$$\sum_{\alpha=0}^{1}\sum_{m=0}^{\infty}\sum_{n=1}^{\infty}\begin{bmatrix} a_{11}^{mn} & a_{12}^{mn} & a_{13}^{mn} \\ a_{21}^{mn} & a_{22}^{mn} & a_{23}^{mn} \\ a_{31}^{mn} & a_{32}^{mn} & a_{33}^{mn} \end{bmatrix}\begin{bmatrix} U_{mn} \\ V_{mn} \\ W_{mn} \end{bmatrix}\cdot\begin{bmatrix} \cos(m\theta+\frac{\alpha\pi}{2})\cos(k_n x) \\ \sin(m\theta+\frac{\alpha\pi}{2})\sin(k_n x) \\ \cos(m\theta+\frac{\alpha\pi}{2})\sin(k_n x) \end{bmatrix} = -\begin{bmatrix} \dfrac{f_u^e}{C_L^2\rho h} \\ \dfrac{f_v^e}{C_L^2\rho h} \\ \dfrac{(1-\sigma^2)f_w^e}{Eh} \end{bmatrix} +$$

$$\sum_{i=1}^{N_r}\sum_{\alpha=0}^{1}\sum_{m=0}^{\infty}\sum_{n=1}^{\infty}\begin{bmatrix} b_{11}^{mn} & 0 & b_{13}^{mn} \\ 0 & b_{22}^{mn} & b_{23}^{mn} \\ b_{31}^{mn} & b_{32}^{mn} & b_{33}^{mn} \end{bmatrix}\begin{bmatrix} U_{mn} \\ V_{mn} \\ W_{mn} \end{bmatrix}\cdot\begin{bmatrix} \dfrac{\cos(m\theta+\frac{\alpha\pi}{2})\cos(k_n x_i)}{C_L^2\rho h} \\ \dfrac{\sin(m\theta+\frac{\alpha\pi}{2})\sin(k_n x_i)}{C_L^2\rho h} \\ \dfrac{(1-\sigma^2)}{Eh}\cos(m\theta+\frac{\alpha\pi}{2})\sin(k_n x_i) \end{bmatrix}\delta(x-x_i)$$

$$(4-13)$$

其中,符号·表示向量之间为点乘,即对应元素相乘,且

$a_{11}^{mn} = -k_n^2 - \dfrac{1-\sigma}{2R^2}(1+\beta^2)m^2 + \dfrac{\omega^2}{C_L^2}$;

$a_{12}^{mn} = a_{21}^{mn} = \dfrac{1+\sigma}{2R}mk_n$;

$a_{13}^{mn} = -a_{31}^{mn} = \dfrac{\sigma}{R}k_n + \beta^2 R k_n^3 - \dfrac{1-\mu}{2R}\beta^2 m^2 k_n$;

$a_{22}^{mn} = -\dfrac{1-\sigma}{2}(1+3\beta^2)k_n^2 - \dfrac{m^2}{R^2} + \dfrac{\omega^2}{C_L^2}$;

$a_{23}^{mn} = -a_{32}^{mn} = -\dfrac{m}{R^2} - \dfrac{3-\sigma}{2}\beta^2 m k_n^2$;

$a_{33}^{mn} = \dfrac{1+\beta^2}{R^2} + \beta^2 R^2 \left(k_n^4 + \dfrac{2}{R^2}m^2 k_n^2 + \dfrac{m^4}{R^4}\right) - \dfrac{2\beta^2}{R^2}m^2 - \dfrac{\omega^2}{C_L^2}$;

$b_{11}^{mn} = \dfrac{E\bar{I}}{R_1^4}m^4 + \dfrac{GJ}{R_1^4}m^2 - \omega^2 \rho S$;

$b_{13}^{mn} = -\left(\dfrac{E\bar{I}}{R_1^4}m^4 + \dfrac{GJ}{R_1^4}m^2 - \omega^2 \rho S\right)ek_n + \dfrac{E\bar{I}+GJ}{R_1^3}m^2 k_n$;

$b_{22}^{mn} = \dfrac{EI}{R_1^4}m^2 + \dfrac{ES}{R_1^2}m^2 - \omega^2 \rho S$;

$b_{23}^{mn} = \left(\dfrac{EI}{R_1^4}m^2 + \dfrac{ES}{R_1^2}m^2 - \omega^2 \rho S\right)\dfrac{e}{R}m + \dfrac{EI}{R_1^4}m^3 + \dfrac{ES}{R_1^2}m$;

$b_{31}^{mn} = -\dfrac{(E\bar{I}+GJ)}{R_1^3}m^2 k_n$;

$b_{32}^{mn} = \left(\dfrac{EI}{R_1^4}m^3 + \dfrac{ES}{R_1^2}m\right)\left(1+\dfrac{e}{R}\right)$;

$b_{33}^{mn} = \left(\dfrac{EI}{R_1^3}m^3 + \dfrac{ES}{R_1^2}m\right)\dfrac{e}{R}m + \dfrac{EI}{R_1^4}m^4 + \dfrac{ES}{R_1^2} - \omega^2 \rho S + \dfrac{E\bar{I}+GJ}{R_1^3}m^2 k_n^2 e - \left(\dfrac{E\bar{I}}{R_1^2} + \dfrac{GJ}{R_1^2}m^2 - \omega^2 \rho I_p\right)k_n$ 。

为了便于求解,将方程式(4-13)两边同时乘以相应的三角函数,即第一行乘以 $\cos(p\theta + \alpha\pi/2)\cos(k_q x)$,第二行乘以 $\sin(p\theta + \alpha\pi/2)\sin(k_q x)$,第三行乘以 $\cos(p\theta + \alpha\pi/2)\sin(k_q x)$,进而沿壳体表面积分,并利用三角函数的正交性,即

$$\int_0^{2\pi}\sin\left(m\theta+\dfrac{\alpha\pi}{2}\right)\sin\left(p\theta+\dfrac{\alpha\pi}{2}\right)\mathrm{d}\theta = \int_0^{2\pi}\cos\left(m\theta+\dfrac{\alpha\pi}{2}\right)\cos\left(p\theta+\dfrac{\alpha\pi}{2}\right)\mathrm{d}\theta = \begin{cases}\pi, p=m\\0, p\neq m\end{cases}$$
(4-14)

$$\int_0^L \sin(k_n x)\sin(k_q x)dx = \int_0^L \cos(k_n x)\cos(k_q x)\mathrm{d}x = \begin{cases}L/2, q=n\\0, \quad q\neq n\end{cases} \quad (4-15)$$

得到关于壳体位移幅值的耦合方程:

$$\frac{L}{2}\begin{bmatrix} a_{11}^{pq} & a_{12}^{pq} & a_{13}^{pq} \\ a_{21}^{pq} & a_{22}^{pq} & a_{23}^{pq} \\ a_{31}^{pq} & a_{32}^{pq} & a_{33}^{pq} \end{bmatrix}\begin{bmatrix} U_{pq} \\ V_{pq} \\ W_{pq} \end{bmatrix} - \sum_{i=1}^{N_r}\sum_{n=1}^{\infty}\begin{bmatrix} b_{11}^{pn} & 0 & b_{13}^{pn} \\ 0 & b_{22}^{pn} & b_{23}^{pn} \\ b_{31}^{pn} & b_{32}^{pn} & b_{33}^{pn} \end{bmatrix}\begin{bmatrix} U_{pn} \\ V_{pn} \\ W_{pn} \end{bmatrix} \cdot \begin{bmatrix} \dfrac{\cos(k_n x_i)\cos(k_q x_i)}{C_L^2 \rho h} \\ \dfrac{\sin(k_n x_i)\sin(k_q x_i)}{C_L^2 \rho h} \\ \dfrac{(1-\sigma^2)}{Eh}\sin(k_n x_i)\sin(k_q x_i) \end{bmatrix} =$$

$$-\begin{bmatrix} \dfrac{\int_0^L \int_0^{2\pi} f_u^e \cos(p\theta + \frac{\alpha\pi}{2})\cos(k_q x)\,\mathrm{d}\theta\,\mathrm{d}x}{C_L^2 \rho h} \\ \dfrac{\int_0^L \int_0^{2\pi} f_v^e \sin(p\theta + \frac{\alpha\pi}{2})\sin(k_q x)\,\mathrm{d}\theta\,\mathrm{d}x}{C_L^2 \rho h} \\ \dfrac{(1-\sigma^2)\int_0^L \int_0^{2\pi} f_w^e \cos(p\theta + \frac{\alpha\pi}{2})\sin(k_q x)\,\mathrm{d}\theta\,\mathrm{d}x}{Eh} \end{bmatrix} \quad (4-16)$$

求解式(4-16)，即可得到加筋圆柱壳的振动响应。

4.2.2 各向异性加筋壳等效模型

对于周向加强筋均匀分布的圆柱壳，除了可以将加强筋作为离散单元处理外，还可以将其近似为正交各向异性圆柱壳。根据 Donell 理论[119]，正交各向异性圆柱壳的振动方程一般可以表示为

$$\begin{bmatrix} L_{11} & L_{12} & L_{13} \\ L_{21} & L_{22} & L_{23} \\ L_{31} & L_{32} & L_{33} \end{bmatrix}\begin{bmatrix} u \\ v \\ w \end{bmatrix} = \begin{bmatrix} f_u \\ f_v \\ f_w \end{bmatrix} \quad (4-17)$$

其中，f_u，f_v 和 f_w 分别为轴向、切向和径向的外力；Donell 理论对应的算子为

$L_{11} = \dfrac{C_{11}}{C_{22}}\dfrac{\partial^2}{\partial x^2} + 2\dfrac{C_{16}}{C_{22}}\dfrac{\partial^2}{\partial x \partial \theta} + \dfrac{C_{66}}{C_{22}}\dfrac{\partial^2}{\partial \theta^2} + \omega^2 \dfrac{\rho h R^2}{C_{22}}$;

$L_{22} = \dfrac{C_{66}}{C_{22}}\dfrac{\partial^2}{\partial x^2} + 2\dfrac{C_{26}}{C_{22}}\dfrac{\partial^2}{\partial x \partial \theta} + \dfrac{\partial^2}{\partial \theta^2} + \omega^2 \dfrac{\rho h R^2}{C_{22}}$;

$L_{33} = 1 + k\left[\dfrac{D}{D_{22}}\dfrac{\partial^4}{\partial x^4} + 2\left(\dfrac{D_{12}+2D_{66}}{D_{22}}\right)\dfrac{\partial^4}{\partial x^2 \partial \theta^2} + \dfrac{\partial^4}{\partial \theta^4}\right] - \omega^2 \dfrac{\rho h R^2}{C_{22}}$;

$L_{12} = L_{21} = \dfrac{C_{16}}{C_{22}}\dfrac{\partial^2}{\partial x^2} + \left(\dfrac{C_{12}+C_{66}}{C_{22}}\right)\dfrac{\partial^2}{\partial x \partial \theta} + \dfrac{C_{26}}{C_{22}}\dfrac{\partial^2}{\partial \theta^2}$;

$L_{13} = L_{31} = \dfrac{C_{12}}{C_{22}}\dfrac{\partial}{\partial x} + \dfrac{C_{26}}{C_{22}}\dfrac{\partial}{\partial \theta}$;

$L_{23} = L_{32} = \dfrac{C_{26}}{C_{22}}\dfrac{\partial}{\partial x} + \dfrac{\partial}{\partial \theta}$ 。

将加筋圆柱壳近似为正交各向异性圆柱壳来分析时，需要考虑加强筋的拉伸和弯曲刚度。对于有环肋的加筋圆柱壳，筋条与壳体连为一体。若筋的厚度为 h_{rib}，高度为 b_{rib}，筋的间距为 d_{rib}，则计算等效正交各向异性拉伸常数的公式为

$$C_{11} = \frac{Eh}{1-\sigma^2}\left(\frac{1+k_1}{1+k_1k_2}\right) \quad (4-18)$$

$$C_{22} = \frac{Eh}{1-\sigma^2} \frac{(1+k_1)[1+(1-\sigma^2)k_1k_2]}{1+k_1k_2} \quad (4-19)$$

$$C_{12} = \frac{\sigma Eh}{1-\sigma^2}\left(\frac{1+k_1}{1+k_1k_2}\right) \quad (4-20)$$

$$C_{66} = \frac{Eh}{2(1+\sigma)}\left(\frac{1+k_1}{1+k_1k_2}\right) \quad (4-21)$$

其中，$k_1 = h_{rib}b_{rib}/(d_{rib}h_s)$；$k_2 = [1-h_{rib}/h_s]/[1+h_s/h_{rib}]$；对应的弯曲刚度公式为

$$D_{11} = \frac{D_s}{1-\left(\frac{h_{rib}}{d_{rib}}\right)\left[1-\frac{1}{(1+b_{rib}/h_s)^3}\right](1+k_1)^2} \quad (4-22)$$

$$D_{22} = \frac{D_s}{(1+k_1)^2}\left\{1+4k_1\left(\frac{b_{rib}}{h_s}\right)^2(1-\sigma^2)+k_1^2\left(\frac{b_{rib}}{h_s}\right)^2[2(1-\sigma^2)+3]\right\} \quad (4-23)$$

$$D_{12} = \sigma D_s \quad (4-24)$$

$$D_{66} = \frac{Gh_s^3}{12} + \frac{J_{rib}}{2d_{rib}} \quad (4-25)$$

其中，D_s 为未加筋圆柱壳的弯曲刚度；J_{rib} 为加强筋的扭转刚度；$k = h^2/(12R^2)$ 为无因次厚度参数。

根据 Donell 理论，忽略切向惯性的作用，得到两端简支正交各向异性圆柱壳的固有频率为

$$\bar{\omega}_{mn}^2 = \frac{E_r\left(kK_0K_1 + \lambda^4\dfrac{C_{11}C_{22}-C_{12}^2}{C_{11}^2}\right)}{K_1R^2\rho(1-\sigma^2)} \quad (4-26)$$

其中
$$\lambda = m\pi R/L_s$$

$$K_0 = \lambda^4 + \frac{2(C_{12}+2C_{66})}{C_{11}}\lambda^2 n^2 + \frac{C_{22}}{C_{11}}n^4 \quad (4-27)$$

$$K_1 = \lambda^4 + \frac{C_{11}C_{22}-C_{12}^2-2C_{12}C_{66}}{C_{11}C_{66}}\lambda^2 n^2 + \frac{C_{22}}{C_{11}}n^4 \quad (4-28)$$

当圆柱壳受到径向点力 $f_r = F_r\delta(x-x_e)\delta(\theta-\theta_e)$ 激励时，考虑到振动响应表达式(4-11)中 α 分别取 0 和 1 的情况，由模态叠加法得到圆柱壳的弯曲振动响应为

$$u_3(x,\theta) = \frac{2j\omega F_r}{\rho h_e \pi RL}\sum_{m=0}^{+\infty}\sum_{n=1}^{+\infty}\frac{\sin(k_n x_1)\sin(k_n x)\cos m(\theta_1-\theta)}{\varepsilon_m[\bar{\omega}_{mn}^2(1+j\eta)-\omega^2]} \quad (4-29)$$

其中，h_e 为将环肋平铺在圆柱壳上后，正交各向异性圆柱壳的等效厚度。

根据传递点导纳的定义，得到圆柱壳受到径向点力激励引起壳上弯曲振动速度响应的传递点导纳公式为

$$Y_{vF}(x_2,\theta_2|x_1,\theta_1) = \frac{2j\omega}{\rho h_e \pi RL}\sum_{m=0}^{+\infty}\sum_{n=1}^{+\infty}\frac{\sin(k_n x_1)\sin(k_n x_2)\cos m(\theta_1-\theta_2)}{\varepsilon_m[\bar{\omega}_{mn}^2(1+j\eta)-\omega^2]} \quad (4-30)$$

当圆柱壳受到径向点力矩 $M = M\delta(x-x_e)\delta(\theta-\theta_e)$ 激励时，由模态叠加法得到加筋圆柱壳受到径向点力矩激励引起壳上弯曲角速度响应的传递点导纳为

$$Y_{aM}(x_2,\theta_2\mid x_1,\theta_1)=\frac{2\mathrm{j}\omega}{\rho h_e\pi RL}\sum_{m=0}^{+\infty}\sum_{n=0}^{+\infty}\frac{m^2\sin(k_nx_1)\sin(k_nx_2)\cos m(\theta_1-\theta_2)}{\varepsilon_m[\bar{\omega}_{mn}^2(1+\mathrm{j}\eta)-\omega^2]} \quad (4-31)$$

4.2.3 机械导纳特性对比分析

下面将通过数值计算,对比分析周期理论模型和各向异性等效模型。计算过程中模型的参数为,圆柱壳的长度、半径和厚度分别为 5 m,1.5 m 和 0.006 m;环肋的截面为矩形,尺寸为 0.005 m×0.05 m,数目为 20 根;圆柱壳和环肋的材料均为钢。令激励点位于 $(L/3,\pi/3)$ 处,分别采用周期理论模型和各向异性等效模型计算点力激励引起加筋圆柱壳弯曲振动速度响应的点导纳 Y_{wF} 和点力矩激励引起对应方向弯曲角速度响应的点导纳 Y_{aM},得到如图 4-8 和图 4-9 所示曲线。

对比分析图 4-8 和图 4-9 所示曲线,可以发现:采用各向异性等效模型得到的近似解与采用周期理论模型获得的精确解一致性很好,只是精确解的模态信息更为丰富,而近似解只能给出平均趋势(见图 4-9)。相对于第 3 章中针对加筋板分别建立的周期理论模型和各向异性等效模型而言,当建模对象为加筋圆柱壳时,各向异性等效模型与周期理论模型所得结果更为接近。这是由于匀质壳体的弯曲刚度较大,在其上安装加强筋对其振动响应的影响较小。

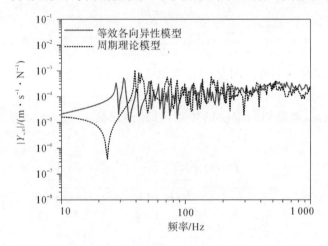

图 4-8 两种模型下 $|Y_{wF}|$ 的比较

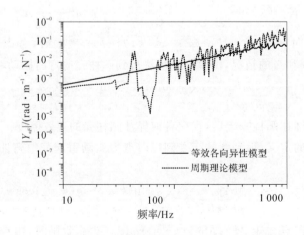

图 4-9 两种模型下 $|Y_{aM}|$ 的比较

4.3 流体负载下加筋圆柱壳等效机械导纳

壳体在水下受激振动并达到稳定时,其径向振动响应会向水中辐射声场,同时也会受到该声场中声压 $p(r,\theta,z)$ 的反作用力。假设壳体两端均有同轴无限延伸的刚性圆柱障板;流体为理想流体,不计黏性,即流体只对壳体产生径向作用力,流体的密度为 ρ_0,声速为 c_0;分析过程中忽略圆柱壳内部流体的影响。流体负载下两端带刚性障板的加筋圆柱壳如图 4-10 所示。

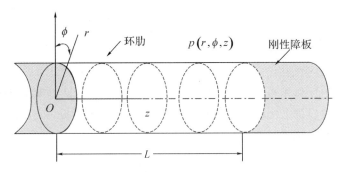

图 4-10 流体负载下两端带刚性障板的加筋圆柱壳示意图

4.2 节研究结果表明:可以用各向异性圆柱壳来近似等效加筋圆柱壳,各向异性圆柱壳的振动方程如式(4-17)所示。由此得到流体负载下,只受径向激励的各向异性圆柱壳振动方程为

$$\begin{bmatrix} L_{11} & L_{12} & L_{13} \\ L_{21} & L_{22} & L_{23} \\ L_{31} & L_{32} & L_{33} \end{bmatrix} \begin{bmatrix} u \\ v \\ w \end{bmatrix} = \begin{bmatrix} 0 \\ 0 \\ f_w - p(R,\theta,z) \end{bmatrix} \quad (4-32)$$

其中,$p(R,\theta,z)$ 为壳体表面处声压;$L_{i,j}(i,j=1,2,3)$ 的表达式见上 4.2 节。在图 4-10 所示圆柱坐标系下,流体域满足赫姆霍兹方程[141],即

$$\left(\frac{1}{r}\frac{\partial}{\partial r}\left(r\frac{\partial}{\partial r}\right) + \frac{1}{r^2}\frac{\partial^2}{\partial \theta^2} + \frac{\partial^2}{\partial z^2}\right)p(r,\theta,z) + k_0^2 p(r,\theta,z) = 0 \quad (4-33)$$

其中,柱坐标系的三个坐标轴分量分别为 r,θ,z;$k_0 = \omega/c_0$ 为流体中的波数。

根据模态叠加法,两端简支有限长圆柱壳体的径向振动速度响应可表示为[142]

$$v(\theta,z) = \sum_{\alpha=0}^{1}\sum_{m=0}^{+\infty}\sum_{n=1}^{+\infty} W_{mn}^{\alpha} \sin\left(m\theta + \frac{\alpha\pi}{2}\right)\sin(k_n z) \quad (4-34)$$

其中,$k_n = n\pi/L$,L 为壳体的长度;m,n 分别为壳体周向和轴向的模态数。

在壳体表面与流体交界处,存在连续性边界条件 $\partial p(r,\theta,z)/\partial r|_{r=R} = -\mathrm{j}\omega\rho_0 w$,因而壳体表面声压也可以展开为

$$p(R,\theta,z) = \sum_{\alpha=0}^{1}\sum_{m=0}^{+\infty}\sum_{n=1}^{+\infty} p_{mn} \sin\left(m\theta + \frac{\alpha\pi}{2}\right)\sin(k_n z) \quad (4-35)$$

其中,系数 p_{mn} 的表达式为

$$p_{mn} = \frac{\varepsilon_m}{\pi L}\int_0^{\pi}\int_0^L p(R,\theta,z)\sin\left(m\theta + \frac{\alpha\pi}{2}\right)\sin(k_n z)\,\mathrm{d}\theta\,\mathrm{d}z \quad (4-36)$$

其中,ε_m 为 Neumann 因子,当 $m=0$ 时 $\varepsilon_m = 1$,否则 $\varepsilon_m = 2$。

将式(4-34)和式(4-35)代入式(4-32),并化简可得

$$Z_{mn}^M W_{mn} = f_{mn} - p_{mn} \tag{4-37}$$

其中,Z_{mn}^M 为真空中加筋圆柱壳径向点力激励下对应弯曲振动响应的点阻抗。根据阻抗与导纳的关系,由式(4-30)得到 Z_{mn}^M 的表达式为

$$Z_{mn}^M = \frac{\rho h_e \pi R L}{2\mathrm{j}\omega} \frac{\varepsilon_m [\bar{\omega}_{mn}^2(1+\mathrm{j}\eta) - \omega^2]}{\sin(k_n x_1)\sin(k_n x_2)\cos m(\theta_1 - \theta_2)} \tag{4-38}$$

式(4-37)中,f_{mn} 为外界径向激励 $f(R,\theta,z)$ 对壳体 (m,n) 阶模态沿周向和轴向振型展开,表达式为

$$f_{mn} = \frac{\varepsilon_n}{\pi L} \int_0^\pi \int_0^L f(\theta,z) \sin\left(m\theta + \frac{\alpha\pi}{2}\right) \sin(k_n z) \,\mathrm{d}\theta \,\mathrm{d}z \tag{4-39}$$

其中,$f(\theta,z)$ 为外界激励力。

声场对圆柱壳的反作用可以用辐射阻抗来描述。辐射阻抗是指声场对辐射声压与结构表面振动速度之比。假设加筋圆柱壳两端存在无限长刚性圆柱障板,则作用在壳体外表面的流体声压可用模态辐射阻抗表示为

$$p_{mn} = \sum_{q=1}^\infty Z_{mnq} W_{mq} \tag{4-40}$$

其中,Z_{mnq} 为流体负载第 (m,q) 阶和第 (m,n) 阶之间的互辐射阻抗,其表达式为[143]

$$Z_{mnq} = \frac{4(-1)^{q+n} k_q k_n}{\varepsilon_p \pi L} \int_{-\infty}^{+\infty} \frac{\cos^2(k_z L) Z_m(k_z)}{(k_q^2 - k_z^2)(k_n^2 - k_z^2)} \mathrm{d}k_z \tag{4-41}$$

$$Z_m(k_z) = -\mathrm{j}\rho_0 c_0 k_0 \frac{\mathrm{H}_m(\sqrt{k_0^2 - k_z^2}R)}{\sqrt{k_0^2 - k_z^2}\,\mathrm{H}_m'(\sqrt{k_0^2 - k_z^2}R)} \tag{4-42}$$

其中,k_z 为沿轴向的波数,$k_q = q\pi/L$;H_m 为 m 阶第一类汉克尔函数;H_m' 为 m 的导数;$Z_m(k_z)$ 为声阻抗,包括自阻抗 $q=n$ 和互阻抗 $q \neq n$,物理意义上表示由 (m,n) 阶模态振动产生的声压对 (m,q) 阶模态的负荷。

由式(4-40)可见,壳体表面声压在周向上的振型函数与壳体振动响应一一对应,即保持着正交性;而在轴向上,某一模态下辐射声压展开系数 p_{mn} 与模态振速 W_{mq},$q=1,2,\cdots$ 均有关,也即有限长圆柱辐射面在长度方向的不同振动模态之间相互耦合。这是由于壳体长度有限,而声场长度无限,二者无法在轴向边界处一一对应。将式(4-40)代入式(4-37),得到

$$Z_{mn}^M W_{mn} + \sum_{q=1}^\infty Z_{mnq} W_{mq} = f_{mn} \tag{4-43}$$

由式(4-43)可得

$$\sum_{q=1}^\infty [Z_{mnq} + Z_{mn}^M \delta(n-q)] W_{mq} = f_{mn} \tag{4-44}$$

其中,$\delta(n-q)$ 为狄拉克函数,当 $n=q$ 时 $\delta(n-q)=1$,否则 $\delta(n-q)=0$。

式(4-44)为同时考虑自辐射阻抗和互辐射阻抗的情况。求解式(4-44)可以得到流体负载下加筋圆柱壳任意模态阶响应 W_{mq},进而根据机械导纳的定义可以得到加筋圆柱壳流体负载下的点导纳。

在大多数实际情况下,当圆柱面的长度趋于无限大时,互辐射阻抗应该趋于零。研究表明:对于浸没于水中的圆柱壳,若忽略不同模态之间的互辐射阻抗,计算所得结构辐射声功率

与考虑互辐射阻抗时相近,在峰值处存在最大约为 3 dB 的误差,而壳体振动响应的误差几乎可以忽略。因此,作为近似方法,计算时可以忽略互辐射阻抗,而只保留自辐射阻抗。只考虑自辐射阻抗时,流体负载下加筋圆柱壳体的等效机械点导纳为

$$Y_{vF}^{w} = \sum_{m=0}^{+\infty} \sum_{n=1}^{+\infty} \frac{1}{Z_{mn}^{M} + Z_{mnn}} \tag{4-45}$$

其中,上标 w 表示水负载。

令流体负载的声阻抗为 $Z_{mnn} = \text{Re}(Z_{mnn}) + j\text{Im}(Z_{mnn})$,其中 $\text{Re}(Z_{mnn})$ 和 $\text{Im}(Z_{mnn})$ 分别为声阻抗的实部和虚部,即辐射阻和辐射抗。辐射阻为声场对结构阻尼的增量,代表着结构在流体中由于声辐射而扩散的能量。辐射抗则表示流体引起的振动结构质量的增量。这说明流体的存在相当于在结构表面添加了一层附加质量,同时也使结构的阻尼增大,也即流体负载对加筋圆柱壳振动特性的影响可以从附加质量和附加阻尼两个方面考虑。若忽略自辐射阻的作用,得到水负载时加筋圆柱壳受径向点力激励引起弯曲振动速度响应的机械点导纳近似表达式为

$$Y_{vF}^{w} = \frac{2j\omega}{\rho_w h_e \pi RL} \sum_{m=0}^{+\infty} \sum_{n=1}^{+\infty} \frac{\sin(k_n x_1)\sin(k_n x_2)\cos m(\theta_1 - \theta_2)}{\varepsilon_m [\bar{\omega}_{w,mn}^2(1+j\eta) - \omega^2]} \tag{4-46}$$

其中,$\rho_w = \text{Im}(Z_{mnn})/(\omega V)$ 为考虑水的附加质量后壳体的等效密度,V 为加筋圆柱壳的体积;$\bar{\omega}_{w,mn}^2$ 为考虑水附加质量后壳体的第 (m,n) 阶固有频率。

4.4 复杂激励下加筋圆柱壳等效机械导纳

工程实际中,加筋壳体与其他结构的连接方式通常为线连接,则作用到加筋壳上的激励即为线激励,因此有必要研究线激励下加筋圆柱壳的导纳特性。

4.4.1 轴向分布线激励

在衔接线上,耦合结构一般会受到垂直于衔接线面内正交方向的两个力和绕轴衔接线方向的弯矩,故本节分析当圆柱壳沿轴向与其他结构耦合时,受到沿轴向分布切向力、径向力、绕轴向的弯矩激励引起壳上振动响应的等效机械导纳,圆柱壳受力示意图如图 4-11 所示。

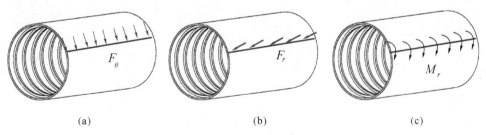

图 4-11 圆柱壳受轴向线激励
(a)切向力;(b)径向力;(c)力矩

(1)切向力

在切向力激励下,加筋圆柱壳上激励点 (x_1, y_1) 到另一点 (x_2, y_2) 的传递点导纳表达式为

$$Y_{vF\theta}(x_2,\theta_2\mid x_1,\theta_1)=\frac{2\mathrm{j}\omega}{\rho_{\mathrm{w}}h_e\pi RL}\sum_{m=0}^{\infty}\sum_{n=1}^{\infty}\frac{\sin(k_n x_1)\sin(k_n x_2)\cos m(\theta_1-\theta_2)}{\varepsilon_m\left[\bar{\omega}_{\mathrm{w},mn}^2(1+\mathrm{j}\eta)-\omega^2\right]} \quad (4-47)$$

令加筋圆柱壳结构受到沿轴向 p 阶正弦分布的切向激励,其表达式为

$$F_\theta=F_{\theta,p}\sin(k_p x)\delta(\theta-\theta_1) \quad (4-48)$$

将式(4-47)和式(4-48)代入等效机械导纳的定义,得到周向线力激励下的等效传递线导纳为

$$Y_{vF\theta}(\theta=\theta_2\mid\theta=\theta_1)=\frac{\mathrm{j}\omega}{2\rho_{\mathrm{w}}h_e\pi RL}\sum_{m=0}^{\infty}\frac{\cos m(\theta_1-\theta_2)}{\varepsilon_m\left[\bar{\omega}_{\mathrm{w},mn}^2(1+\mathrm{j}\eta)-\omega^2\right]} \quad (4-49)$$

(2) 径向力

加筋圆柱壳在径向点力激励下会引起另一点 (x_2,y_2) 的弯曲振动速度,对应的点导纳公式如式(4-30)所示。令加筋圆柱壳受到沿轴向 p 阶正弦分布的径向力激励,其表达式为

$$F_r=F_{r,p}\sin(k_p x)\delta(\theta-\theta_1) \quad (4-50)$$

分别将式(4-30)和式(4-50)一起代入等效机械导纳的定义,得到径向分布线力激励引起的弯曲振动速度响应的等效传递线导纳为

$$Y_{vF_r}(\theta=\theta_2\mid\theta=\theta_1)=\frac{\mathrm{j}\omega}{2\rho_{\mathrm{w}}h_e\pi RL}\sum_{m=0}^{\infty}\frac{\cos m(\theta_1-\theta_2)}{\varepsilon_m\left[\bar{\omega}_{\mathrm{w},mn}^2(1+\mathrm{j}\eta)-\omega^2\right]} \quad (4-51)$$

(3) 力矩

圆柱壳在点 (x_1,y_1) 处受到弯矩激励会引起另一点 (x_2,y_2) 的弯曲振动速度和角速度响应,其中点力矩激励引起弯曲角速度响应的点导纳公式如式(4-31)所示。假设结构受到沿轴向正弦分布的正弦激励,其表达式为

$$M_r=M_{r,p}\sin(k_p x)\delta(\theta-\theta_1) \quad (4-52)$$

分别将式(4-31)和式(4-52)一起代入等效机械导纳的定义,得到线弯矩激励情况下等效机械线导纳为

$$Y_{aM_r}(\theta=\theta_2\mid\theta=\theta_1)=-\frac{\mathrm{j}\omega}{2\rho_{\mathrm{w}}h_e\pi RL}\sum_{m=0}^{\infty}\frac{m^2\cos m(\theta_1-\theta_2)}{\varepsilon_m\left[\bar{\omega}_{\mathrm{w},mn}^2(1+\mathrm{j}\eta)-\omega^2\right]} \quad (4-53)$$

4.4.2 周向分布线激励

圆柱壳受周向分布线激励示意图如图 4-12 所示。

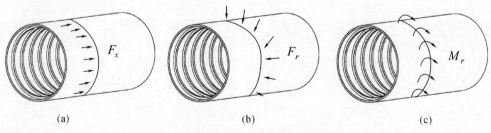

图 4-12 圆柱壳受周向线激励
(a)轴向力;(b)径向力;(c)力矩

(1) 轴向力

在轴向点力激励下,加筋圆柱壳上激励点 (x_1,y_1) 到另一点 (x_2,y_2) 的传递点导纳表达式为

$$Y_{uF_x}(x_2,\theta_2|x_1,\theta_1)=\frac{2\mathrm{j}\omega}{\rho_w h_e \pi RL}\sum_{m=0}^{\infty}\sum_{n=1}^{\infty}\frac{\cos(k_n x_1)\cos(k_n x_2)\cos m(\theta_1-\theta_2)}{\varepsilon_m[\bar{\omega}_{w,mn}^2(1+\mathrm{j}\eta)-\omega^2]} \quad (4-54)$$

令加筋圆柱壳结构受到沿周向第 q 阶正弦分布的轴向激励,其表达式为

$$F_x=\sum_{\alpha=0}^{1}F_{x,q}\cos(q\theta+\alpha\pi/2)\delta(x-x_1) \quad (4-55)$$

将式(4-47)和式(4-48)代入等效机械导纳的定义,得到沿周向分布的轴向线力激励下的等效传递线导纳为

$$Y_{uF_x}(x=x_2|x=x_1)=\frac{\mathrm{j}\omega}{2\rho_w h_e \pi RL}\sum_{n=1}^{\infty}\frac{\cos(k_n x_1)\cos(k_n x_2)}{\varepsilon_q[\bar{\omega}_{w,mn}^2(1+\mathrm{j}\eta)-\omega^2]} \quad (4-56)$$

(2)径向力

假设加筋圆柱壳受到沿周向余弦分布的径向线力激励,其表达式为

$$F_r=\sum_{\alpha=0}^{1}F_{r,q}\cos(q\theta+\alpha\pi/2)\delta(x-x_1) \quad (4-57)$$

结合等效机械导纳定义,可得到圆柱壳在沿周向余弦分布的径向线力激励下引起的弯曲振动速度的等效机械线导纳为

$$Y_{vF_r}(x=x_2|x=x_1)=\frac{\mathrm{j}\omega}{2\rho_w h_e \pi RL}\sum_{n=1}^{\infty}\frac{\sin(k_n x_1)\sin(k_n x_2)}{\varepsilon_q[\bar{\omega}_{w,mn}^2(1+\mathrm{j}\eta)-\omega^2]} \quad (4-58)$$

(3)力矩

当圆柱壳受到绕其径向的点弯矩激励引起任意点弯曲振动角速度响应如式(4-31)所示时,令圆柱壳受到沿周向第 q 阶余弦分布的力矩激励,即

$$M=\sum_{\alpha=0}^{1}M_q\cos(q\theta+\alpha\pi/2)\delta(x-x_1) \quad (4-59)$$

根据等效传递机械导纳的定义,可得到周向线弯矩激励下引起圆柱壳弯曲角速度响应的等效机械线导纳为

$$Y_{aM}(x=x_2|x=x_1)=\frac{\mathrm{j}\omega}{2\rho_w h_e \pi RL}\sum_{n=1}^{\infty}\frac{k_n^2\cos(k_n x_1)\cos(k_n x_2)}{\varepsilon_q[\bar{\omega}_{w,mn}^2(1+\mathrm{j}\eta)-\omega^2]} \quad (4-60)$$

4.5 本章小结

本章首先建立了匀质圆柱壳等效机械导纳模型,分析了损耗因子对其导纳特性的影响;在此基础上分别建立了加筋圆柱壳的周期理论模型和各向异性等效模型,并通过仿真计算对两种模型进行了对比分析;进一步建立了流体负载下加筋圆柱壳的等效机械导纳模型,分析了流体负载对加筋圆柱壳等效机械导纳的影响。通过本章研究,主要得出以下结论:

(1)无限长圆柱壳输入点导纳随频率变化规律能够反映有限长圆柱壳点导纳的均值特性;环频以前,圆柱壳的各项导纳均随频率升高而增大;环频以后,输入导纳趋于稳定,而传递导纳却随频率增大而减小。

(2)加筋圆柱壳的周期理论模型和各向异性等效模型所得结果一致性好,二者的区别在于周期理论模型计算结果模态信息丰富,但计算量大;各向异性等效模型计算结果模态信息不足,但计算量小,能够给出结构等效机械导纳的显式表达式。因此,在计算加筋壳的机械导纳特性时可根据具体需要选择合适的模型。

(3)建立流体负载下加筋圆柱壳等效机械导纳模型时,可以忽略流体附加阻尼的作用,仅考虑其附加质量的影响。

(4)沿壳体轴向分布的切向力、径向力和力矩对应的等效机械导纳曲线在环频以前均随频率的升高而增大,但环频以后切向力和径向力对应的等效机械导纳曲线随频率的升高而降低,力矩对应的等效机械导纳曲线则随着频率的升高维持在某一水平位置附近波动。

(5)沿壳体周向分布的轴向力和径向力对应的等效机械导纳曲线均随频率的升高而降低,但沿壳体周向分布的力矩对应的等效机械导纳曲线却随着频率升高略有增大。

第5章 弹性边界约束下结构耦合振动

使用子结构导纳功率流方法研究复杂耦合结构的振动特性,往往离不开对结构边界条件的讨论。边界条件不同,其导纳特性也将相应变化,不同的边界条件将对应不同的机械波传播模式。边界条件对耦合结构在模态较丰富的高频段的导纳特性影响较小,而对模态较稀疏的低频段则影响较为显著。振动响应曲线的峰值在低频处对边界条件特别敏感。

耦合结构边界条件的复杂程度往往决定着耦合结构振动问题能否得到有效、完善的解决。在梁、板等典型耦合结构的子结构导纳功率流方法研究过程中,为了方便,一般将实际复杂边界条件进行简化,使用经典的边界条件,如简支、固支、自由边界等。然而经过简化的边界条件往往无法表征复杂耦合结构的实际边界特性。因此,边界条件对结构机械导纳带来的影响也同样是子结构导纳功率流方法要解决的问题。

5.1 弹性边界表征方法

目前在处理一般性边界条件时,一般采用弹性边界条件来处理。在弹性边界条件中通过引入直簧约束与扭簧约束来分别对边界上的位移与转角进行约束。

本节以单个梁的振动为例,对弹性边界结构的基本理论及计算方法作简要介绍。图 5-1 所示为一根两端带有边界弹性约束的单根梁,边界约束刚度分为横向边界约束刚度,用符号 k_{x0} 与 k_{xa} 标识,以及旋转边界约束刚度,用符号 K_{x0} 与 K_{xa} 标识。

图 5-1 带有弹性约束边界条件的单根梁

目前已经有了少量方法求解这种结构的振动模态和响应特性。振动位移函数的假设,是这种结构振动特性求解很重要的一步。Wen L. Li 在文献[101]中采用了改进傅里叶级数,即余弦级数+增补函数的形式,表达了弹性边界约束单根梁的振动位移,从而克服了位移表达式在边界处的不连续性。Wen L. Li 提出的位移函数为

$$w(x) = \sum_{m=0}^{\infty} A_m \cos \frac{m\pi x}{a} + p(x) \tag{5-1}$$

其中,a 为梁的长度;A_m 为待求的未知变量;$p(x)$ 为增补函数,理论上函数 $p(x)$ 有无限多种,在文献[101]中,$p(x)$ 为多项式,为未知变量与多项式函数的乘积。

单根梁的振动方程为

$$D \frac{\partial^4 w(x)}{\partial x^4} - \omega^2 \rho A w(x) = 0 \tag{5-2}$$

弹性边界条件下单梁的边界方程为[101]

$$\left.\begin{array}{l} k_{x0}\,w\,\big|_{x=0} = -D\,\dfrac{\partial^3 w}{\partial x^3}\bigg|_{x=0} \\[6pt] K_{x0}\,\dfrac{\partial w}{\partial x}\bigg|_{x=0} = D\,\dfrac{\partial^2 w}{\partial x^2}\bigg|_{x=0} \\[6pt] k_{xa}\,w\,\big|_{x=a} = D\,\dfrac{\partial^3 w}{\partial x^3}\bigg|_{x=a} \\[6pt] K_{xa}\,\dfrac{\partial w}{\partial x}\bigg|_{x=a} = -D\,\dfrac{\partial^2 w}{\partial x^2}\bigg|_{x=a} \end{array}\right\} \quad (5-3)$$

使用余弦级数作为梁位移表达式的好处就是可以利用其易求导性,能将振动方程和边界方程中的微分符号消去。但是仅仅使用余弦函数表达振动位移有不足之处,若仅仅将位移函数表达成

$$w(x) = \sum_{m=0}^{\infty} A_m \cos\frac{m\pi x}{a} \quad (5-4)$$

就会使式(5-3)不成立。因为余弦函数的奇数阶导数为正弦函数,当式(5-4)代入式(5-3)四个边界方程时,将导致任何情况下位移函数的奇数阶导数取值总为零,表达式中会出现未知变量 $A_m \times 0$,这样边界方程中边界刚度 K_{x0} 和 K_{xa} 就失效了,即位移表达式在边界出现了不连续性,不能满足式(5-3)关于弹性边界的假设,因此有必要引入增补函数。

Wen L. Li 在文献[101]中将位移函数中增补函数表达成多项式形式,然后在振动方程两边沿梁长度方向上积分,消去振动方程中的变量 x,求解得到了梁结构的振动参数。但是在推导中,多项式及其每阶导数的余弦级数表达均不相同,不能共用一种余弦级数,导致振动方程里含有很多种余弦级数表达式,方程比较繁杂。

为了弥补这个不足,可以采取一种改进的方法,将增补函数 $p(x)$ 表达成三角函数形式,就可以使 $p(x)$ 及其导数能共用一种余弦级数表达式,从而降低算法的难度。改进的增补函数表达式可以写为

$$p(x) = \sum_{l=1}^{4} c^l \xi^l(x) \quad (5-5)$$

式中,c^l 为未知变量,4 个 $\xi(x)$ 函数组成的矢量为一个常数矩阵乘以已知的三角函数矢量,表达为

$$[\xi^1(x) \quad \xi^2(x) \quad \xi^3(x) \quad \xi^4(x)]^{\mathrm{T}} = \boldsymbol{A}\left[\sin\left(\frac{\pi x}{2a}\right) \quad \cos\left(\frac{\pi x}{2a}\right) \quad \sin\left(\frac{3\pi x}{2a}\right) \quad \cos\left(\frac{3\pi x}{2a}\right)\right]^{\mathrm{T}} \quad (5-6)$$

式中,矩阵 $\boldsymbol{A}$ 为任意四阶的满秩常数矩阵。

使用改进的增补函数,不仅能够在未知变量 A_{im} 失效时提供备用的未知变量 c^l,而且相比于多项式作为增补函数,改进的增补函数能使推导过程更加简化。在梁振动方程式(5-2)中,代入位移表达式后,会存在 $\xi(x)$ 及其四阶导数 $\xi''''(x)$。在 $\xi(x)$ 求导四次后,其形式为

$$[\xi''''^1(x) \quad \xi''''^2(x) \quad \xi''''^3(x) \quad \xi''''^4(x)]^{\mathrm{T}} = \boldsymbol{AB}_4\left[\sin\left(\frac{\pi x}{2a}\right) \quad \cos\left(\frac{\pi x}{2a}\right) \quad \sin\left(\frac{3\pi x}{2a}\right) \quad \cos\left(\frac{3\pi x}{2a}\right)\right]^{\mathrm{T}} \quad (5-7)$$

其中

$$\boldsymbol{B}_4 = \mathrm{diag}(1,1,81,81)(\pi^4/16)/a^4 \quad (5-8)$$

四阶导数 $\xi''''(x)$ 的三角函数矢量与 $\xi(x)$ 相同,$\xi''''(x)$ 比 $\xi(x)$ 只多出一个常数矩阵因子

B_4。若对于其他结构,如圆柱壳,其振动方程中存在位移的奇数阶导数,如三阶导数,则 $\xi(x)$ 三阶导数可以表达为

$$[\xi^{\cdot 1}(x) \quad \xi^{\cdot 2}(x) \quad \xi^{\cdot 3}(x) \quad \xi^{\cdot 4}(x)]^T =$$
$$\boldsymbol{AB}_3 \left[\cos\left(\frac{\pi x}{2a}\right) \quad \sin\left(\frac{\pi x}{2a}\right) \quad \cos\left(\frac{3\pi x}{2a}\right) \quad \sin\left(\frac{3\pi x}{2a}\right)\right]^T \tag{5-9}$$

式中

$$\boldsymbol{B}_3 = \mathrm{diag}(-1, 1, -27, 27)(\pi^3/8)/a^3 \tag{5-10}$$

从式(5-6)和式(5-9)的对比可以看出,$\xi(x)$ 与其三阶导数的三角函数矢量,仅仅调换了位置,只需要乘以一个换位矩阵就可以将三阶导数 $\xi^{\cdot}(x)$ 表达为

$$[\xi^{\cdot 1}(x) \quad \xi^{\cdot 2}(x) \quad \xi^{\cdot 3}(x) \quad \xi^{\cdot 4}(x)]^T =$$
$$\boldsymbol{AB}_3\boldsymbol{B}_0 \left[\sin\left(\frac{\pi x}{2a}\right) \quad \cos\left(\frac{\pi x}{2a}\right) \quad \sin\left(\frac{3\pi x}{2a}\right) \quad \cos\left(\frac{3\pi x}{2a}\right)\right]^T \tag{5-11}$$

其中换位矩阵 $\boldsymbol{B}_0$ 为

$$\boldsymbol{B}_0 = \begin{bmatrix} 0 & 1 & 0 & 0 \\ 1 & 0 & 0 & 0 \\ 0 & 0 & 0 & 1 \\ 0 & 0 & 1 & 0 \end{bmatrix} \tag{5-12}$$

可以看出式(5-11)和式(5-6)的三角函数矢量相同,只多了两个常数矩阵 $\boldsymbol{B}_3$ 和 $\boldsymbol{B}_0$。其他各阶导数的分析与上述分析相同。改进的增补函数中 $\xi(x)$ 及其每阶导数的三角函数矢量都是相同的,因此,都可以表达成相同的三角级数。

三角函数矢量的余弦级数表达式为

$$\left[\sin\left(\frac{\pi x}{2a}\right) \quad \cos\left(\frac{\pi x}{2a}\right) \quad \sin\left(\frac{3\pi x}{2a}\right) \quad \cos\left(\frac{3\pi x}{2a}\right)\right]^T =$$
$$\sum_{m=0}^{\infty} [\tau_m^1 \quad \tau_m^2 \quad \tau_m^3 \quad \tau_m^4]^T \cos\left(\frac{m\pi x}{a}\right) \tag{5-13}$$

式中

$$\left.\begin{aligned}\tau_m^1 &= \begin{cases} \dfrac{2}{\pi} & m = 0 \\[4pt] \dfrac{4}{(1-4m^2)\pi} & m \neq 0 \end{cases} \\[6pt] \tau_m^2 &= \begin{cases} \dfrac{2}{\pi} & m = 0 \\[4pt] \dfrac{4(-1)^m}{(1-4m^2)\pi} & m \neq 0 \end{cases} \\[6pt] \tau_m^3 &= \begin{cases} \dfrac{2}{3\pi} & m = 0 \\[4pt] \dfrac{12}{(9-4m^2)\pi} & m \neq 0 \end{cases} \\[6pt] \tau_m^4 &= \begin{cases} -\dfrac{2}{3\pi} & m = 0 \\[4pt] \dfrac{12(-1)^{m+1}}{(9-4m^2)\pi} & m \neq 0 \end{cases}\end{aligned}\right\} \tag{5-14}$$

上述给出了当边界条件为弹性约束时处理单根梁振动特性时所需要的基本理论。由以上基本原理再结合单梁结构的振动方程与边界方程,便可获取结构的振动响应及机械导纳。在获取处理弹性边界时的一般方法后,将重点关注以下耦合结构在弹性边界条件下获取结构振动特性的方法。

5.2 弹性约束多段梁耦合振动

5.2.1 弹性约束多段梁理论模型

在以上单根梁振动理论的基础上,进一步将其理论扩展到多根梁耦合振动分析上,可获取带有弹性约束边界条件的多段耦合梁的振动特性。

图 5-2 所示为 I 根梁刚性耦合在一起的多段耦合梁结构,相邻梁之间耦合点以及两端梁的最外侧都有来自刚性基础的弹性约束,包括横向和旋转弹性约束。I 根梁的长度和截面积分别为 $a_1,a_2,\cdots,a_I$ 和 $A_1,A_2,\cdots,A_I$。梁振动方向为 y 方向,I 根梁在 y 方向上的弯曲刚度分别为 $D_1,D_2,\cdots,D_I$。I 根梁的密度分别为 $\rho_1,\rho_2,\cdots,\rho_I$。图 5-2 中,相邻梁之间耦合点处弹性约束刚度分别命名为 $k_{i(i-1)},k_{(i-1)i}$(针对横向弹性约束刚度)与 $K_{i(i-1)},K_{(i-1)i}$(针对旋转弹性约束刚度),且满足关系式 $k_{i(i-1)}=k_{(i-1)i}$(或 $K_{i(i-1)}=K_{(i-1)i}$),$i=2,3,\cdots,I$。

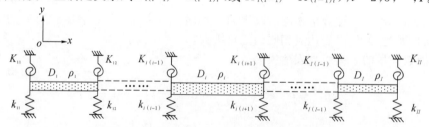

图 5-2 弹性约束边界条件下多段耦合梁模型

为了研究图 5-2 中多段耦合梁在 y 方向上的振动特性,需要将该多段耦合梁进行拆分,每段梁标识独立的坐标系,如图 5-3 所示。

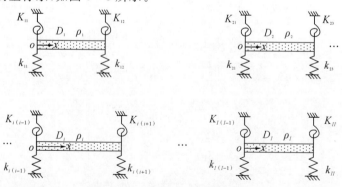

图 5-3 多段耦合梁的分解

根据拆分后各梁两端受约束情况,可以写出各段梁在各自坐标系下的边界方程,共有 $4\times I$ 个边界方程。

第 1 段梁两端的边界方程为

$$\left.\begin{aligned}&k_{11}\,w_1\,\big|_{x=0}=-D_1\frac{\partial^3 w_1}{\partial x^3}\bigg|_{x=0}\\&K_{11}\frac{\partial w_1}{\partial x}\bigg|_{x=0}=D_1\frac{\partial^2 w_1}{\partial x^2}\bigg|_{x=0}\\&k_{12}\,w_1\,\big|_{x=a_1}=D_1\frac{\partial^3 w_1}{\partial x^3}\bigg|_{x=a_1}-D_2\frac{\partial^3 w_2}{\partial x^3}\bigg|_{x=0}\\&K_{12}\frac{\partial w_1}{\partial x}\bigg|_{x=a_1}=-D_1\frac{\partial^2 w_1}{\partial x^2}\bigg|_{x=a_1}+D_2\frac{\partial^2 w_2}{\partial x^2}\bigg|_{x=0}\end{aligned}\right\} \quad (5-15)$$

第 $2 \sim I-1$ 段梁两端的边界方程为（$i=2,3,\cdots,I-1$）

$$\left.\begin{aligned}&k_{i(i-1)}\,w_i\,\big|_{x=0}=-D_i\frac{\partial^3 w_i}{\partial x^3}\bigg|_{x=0}+D_{i-1}\frac{\partial^3 w_{i-1}}{\partial x^3}\bigg|_{x=a_{i-1}}\\&K_{i(i-1)}\frac{\partial w_i}{\partial x}\bigg|_{x=0}=D_i\frac{\partial^2 w_i}{\partial x^2}\bigg|_{x=0}-D_i\frac{\partial^2 w_{i-1}}{\partial x^2}\bigg|_{x=a_{i-1}}\\&k_{i(i+1)}\,w_i\,\big|_{x=a_i}=D_i\frac{\partial^3 w_i}{\partial x^3}\bigg|_{x=a_i}-D_{i+1}\frac{\partial^3 w_{i+1}}{\partial x^3}\bigg|_{x=0}\\&K_{i(i+1)}\frac{\partial w_i}{\partial x}\bigg|_{x=a_i}=-D_i\frac{\partial^2 w_i}{\partial x^2}\bigg|_{x=a_i}+D_{i+1}\frac{\partial^2 w_{i+1}}{\partial x^2}\bigg|_{x=0}\end{aligned}\right\}\quad(5-16)$$

第 I 段梁两端的边界方程为

$$\left.\begin{aligned}&k_{I(I-1)}\,w_I\,\big|_{x=0}=-D_I\frac{\partial^3 w_I}{\partial x^3}\bigg|_{x=0}+D_{I-1}\frac{\partial^3 w_{I-1}}{\partial x^3}\bigg|_{x=a_{I-1}}\\&K_{I(I-1)}\frac{\partial w_I}{\partial x}\bigg|_{x=0}=D_I\frac{\partial^2 w_I}{\partial x^2}\bigg|_{x=0}-D_{I-1}\frac{\partial^2 w_{I-1}}{\partial x^2}\bigg|_{x=a_{I-1}}\\&k_{I2}\,w_I\,\big|_{x=a_I}=D_I\frac{\partial^3 w_I}{\partial x^3}\bigg|_{x=a_I}\\&K_{I(I+1)}\frac{\partial w_I}{\partial x}\bigg|_{x=a_I}=-D_I\frac{\partial^2 w_I}{\partial x^2}\bigg|_{x=a_I}\end{aligned}\right\}\quad(5-17)$$

这里，每段梁的位移表达式采用改进的傅里叶级数，即"余弦级数＋三角函数"形式，完整形式为

$$w_i(x)=\sum_{m=0}^{\infty}A_{im}\cos\lambda_{im}x+\sum_{l=1}^{4}c_i^l\xi_i^l(x)\quad(i=1,2,\cdots,I)\quad(5-18)$$

式中，$\lambda_{im}=m\pi/a_i(i=1,2,\ldots,I)$。

根据式(5-6)，式(5-18)中的增补函数 $\xi_i^l(x)$ 可以表达为（$i=1,2,\cdots,I$）

$$\begin{aligned}&\begin{bmatrix}\xi_i^1(x)&\xi_i^2(x)&\xi_i^3(x)&\xi_i^4(x)\end{bmatrix}^{\mathrm{T}}=\\&\quad\boldsymbol{A}\begin{bmatrix}\sin\left(\dfrac{\pi x}{2a_i}\right)&\cos\left(\dfrac{\pi x}{2a_i}\right)&\sin\left(\dfrac{3\pi x}{2a_i}\right)&\cos\left(\dfrac{3\pi x}{2a_i}\right)\end{bmatrix}^{\mathrm{T}}\end{aligned}\quad(5-19)$$

式中，矩阵 $\boldsymbol{A}$ 为任意四阶的满秩常数矩阵。

将所有梁的振动位移表达式(5-18)代入边界方程式(5-15)～式(5-17)中，可以得到去微分号后各段梁的边界方程，共 $4\times I$ 个边界方程。得到多段耦合梁的边界方程后，将所有边界方程联立，进一步改写成矩阵形式的边界方程为

$$Hp = Qa \qquad (5-20)$$

式中，p 为未知变量 c_i^l 组成的矢量；a 为未知变量 A_{im} 组成的矢量；矢量 p 表达为

$$p = [p_1 \quad p_2 \quad \cdots \quad p_I]^T \qquad (5-21)$$

矢量 p 中各个元素为

$$p_i = [c_i^1 \quad c_i^2 \quad c_i^3 \quad c_i^4] \quad (i=1,2,\cdots,I) \qquad (5-22)$$

矢量 a 表达为

$$a = [a_1 \quad a_2 \quad \cdots \quad a_I]^T \qquad (5-23)$$

矢量 a 中各个元素为

$$a_i = [A_{i0} \quad A_{i1} \quad \cdots \quad A_{iM}] \quad (i=1,2,\cdots,I) \qquad (5-24)$$

在式(5-20)中，当梁的弯曲刚度远大于边界约束刚度时，矩阵 H 会出现轻微的病态现象，为了弥补这种不足，需要在个别边界方程中加入合适的补充项。在多段耦合梁耦合边界处还存在以下等价的连续性条件：

$$\left. \begin{array}{l} w_{i-1}(x)\big|_{x=a_{i-1}} = w_i(x)\big|_{x=0} \\ \dfrac{\partial w_{i-1}(x)}{\partial x}\bigg|_{x=a_{i-1}} = \dfrac{\partial w_i(x)}{\partial x}\bigg|_{x=0} \end{array} \right\} \quad (i=2,3,\cdots,I) \qquad (5-25)$$

依次将式(5-25)中两个连续性条件左右两边乘以常数 $\bar{D}$，加到第 i 根梁的前两个边界方程中去，相应地修改矩阵 H 和 Q 中的元素即可。这里的 $\bar{D}$ 为与梁弯曲刚度值相当的值，可以取为 I 根梁弯曲刚度的平均值。这样处理可以明显地改善 H 矩阵在梁弯曲刚度远大于边界约束刚度时的矩阵病态。

由于梁与梁之间均在几何边界处耦合，梁之间的耦合关系都已经写进了边界方程中，各段梁自身的振动方程可以独立写出为

$$D_i \left[\sum_{m=0}^{\infty} A_{im} \lambda_{im}^4 \cos\lambda_{im} x + \sum_{l=1}^{4} c_{im}^l \xi_i^{l'}(x) \right] - \omega^2 \rho_i A_i \left[\sum_{m=0}^{\infty} A_{im} \cos\lambda_{im} x + \sum_{l=1}^{4} c_m^l \xi_i^l(x) \right] =$$
$$0 \text{ or } F_i \delta(x - x_i) \quad (i=1,2,\cdots,I)$$
$$(5-26)$$

振动方程右边若为 0，则是各段梁的自由振动方程，若为 $F_i \delta(x-x_i)$ 则是各段梁在点激励力下的强迫振动方程。F_i 为第 i 根梁在各自坐标下 x_i 处所受到的大小为 F_i 的点激励力。

与单梁理论相同，为了消除式(5-26)中的坐标变量 x，需要将增补函数 $\xi_i^l(x)$ 与 $\xi_i^{l'}(x)$ 表达成余弦级数形式，即

$$\xi_i^l(x) = \sum_{m=0}^{\infty} \alpha_{0m}^{il} \cos\lambda_{im} x \qquad (5-27)$$

$$\xi_i^{l'}(x) = \sum_{m=0}^{\infty} \alpha_{4m}^{il} \cos\lambda_{im} x \qquad (5-28)$$

将式(5-27)和式(5-28)代入式(5-26)中，m 的截断数取为 M，在方程两边同时乘以 $\cos\lambda_{ip} x (p=0,1,\cdots,M)$，并沿梁长方向积分，根据三角函数的正交性，消去振动方程中的求和符号，这样每根梁得到 $M+1$ 个振动方程。

将所有梁振动方程联立，改写成矩阵形式为

$$\bar{K}a + Sp - \omega^2(\bar{M}a + Tp) = 0 \text{ or } F \qquad (5-29)$$

式中，$\bar{K}, S, \bar{M}, T$ 均为已知矩阵；F 为已知载荷矢量。利用式(5-20)，将矢量 p 用矢量 a 表

达,并代入式(5-29)中,可以得到多段耦合梁的最终耦合振动方程为

$$[K - \omega^2 M]a = 0 \text{ or } F \tag{5-30}$$

式中,$K = \overline{K} + SH^{-1}Q$;$M = \overline{M} + TH^{-1}Q$。

5.2.2 弹性约束多段梁模态及响应算例

本节使用以上算法分析了图 5-4 所示的三段耦合梁结构,每段梁的宽度相同,厚度由左向右依次为 h_1,h_2 与 h_3,梁 1 和梁 3 为钢梁,梁 2 为铝梁。

图 5-4 三段耦合梁结构示意图

实际上,弹性边界条件包括了所有的经典边界条件,将横向和旋转边界约束刚度设为大数值,弹性边界可看作固支边界,记为字母 C;仅将横向边界约束刚度设为大数值,而将旋转边界约束刚度设为一个很小的数,弹性边界可以看作简支边界,记为字母 S;将横向和旋转边界刚度均设为一个很小的数值,弹性边界可看作自由边界,记为字母 F。用连续的四个字母表达三段耦合梁结构的边界条件,如 CSFS 表示为梁 1 左端固支,梁 1,2 耦合点简支,梁 2,3 耦合点自由,梁 3 右端耦合点简支。以下计算了结构在几种经典边界条件下的模态频率。

在计算过程中,设置余弦级数叠加数 m 的截断项数为 M。下文给出了不同截断项数下三段耦合梁的归一化固有频率,如表 5-1 所示。以 SSSS 边界为三段耦合梁边界条件,其中三段梁的长度比 $a_1:a_2:a_3$ 为 5:4:3,厚度比 $h_1:h_2:h_3$ 为 8:5:3。归一化固有频率计算公式为

$$\Omega = \omega a \sqrt{\frac{\rho(1-\nu^2)}{E}} \tag{5-31}$$

其中,长度 a,弹性模量 E,密度 ρ,泊松比 ν 均取三段耦合梁各个参量的平均值。

表 5-1 不同截断项数 M 下三段耦合梁的归一化固有频率 Ω

模态阶数	$M=1$	$M=2$	$M=3$	$M=4$	$M=5$	$M=6$	$M=7$	$M=8$	$M=9$
1	0.030	0.035	0.035	0.035	0.035	0.035	0.035	0.035	0.035
2	0.036	0.043	0.042	0.042	0.042	0.042	0.042	0.042	0.042
3	0.053	0.067	0.066	0.066	0.066	0.066	0.066	0.066	0.066
4	0.151	0.151	0.140	0.140	0.140	0.140	0.140	0.140	0.140
5	0.170	0.169	0.156	0.156	0.156	0.155	0.155	0.155	0.155
6	0.222	0.219	0.194	0.193	0.193	0.193	0.193	0.193	0.193
7	—	0.364	0.365	0.317	0.317	0.315	0.315	0.314	0.314
8	—	0.412	0.395	0.341	0.340	0.339	0.338	0.338	0.338
9	—	0.513	0.487	0.391	0.391	0.390	0.390	0.390	0.390
10	—	—	0.669	0.669	0.565	0.565	0.559	0.559	0.558

表 5-1 给出了不同截断项数 M 下三段耦合梁前 10 阶归一化固有频率。可以看到,5.2.1 节中给出的理论具有良好的收敛性能,截断项数仅仅取很小的数值时即可获得很好的收敛效果;随着截断项数的增加,求解结果趋于稳定,表明了该方法具有良好的稳定性。为了保证数

值结果的准确性,在后面的计算中截断项数相应地采用 $M=9$。

分别选择简支 SSSS 与混合 CSSF 为边界条件,计算三种厚度比和三种长度比情况下多段耦合梁的归一化固有频率 Ω,当厚度比变化时,长度比取为 $a_1:a_2:a_3=1:1:1$,当长度比变化时,厚度比取为 $h_1:h_2:h_3=3:2:1$。计算结果分别如表 5-2 与表 5-3 所示,同时在表中小括号内给出了有限元方法的计算结果。

表 5-2 SSSS 经典边界条件下三段耦合梁的归一化固有频率 Ω

参数	比值	1	2	3	4	5	6
$h_1:h_2:h_3$	3:2:1	0.021 9	0.046 0	0.057 4	0.080 3	0.150 1	0.177 3
		(0.022 0)	(0.046 3)	(0.057 9)	(0.080 6)	(0.151 4)	(0.178 3)
	3:1:2	0.031 1	0.036 7	0.049 9	0.095 2	0.133 0	0.186 4
		(0.031 3)	(0.037 2)	(0.049 9)	(0.096 1)	(0.133 0)	(0.189 1)
	1:1:1	0.032 6	0.037 3	0.064 4	0.130 4	0.140 3	0.184 9
		(0.032 7)	(0.037 4)	(0.065 3)	(0.130 6)	(0.140 5)	(0.187 3)
$a_1:a_2:a_3$	5:4:3	0.039 2	0.046 4	0.073 1	0.156 3	0.167 8	0.216 3
		(0.039 2)	(0.046 6)	(0.073 9)	(0.156 4)	(0.168 2)	(0.218 7)
	5:3:4	0.028 4	0.041 1	0.089 4	0.123 4	0.163 9	0.208 3
		(0.028 5)	(0.041 2)	(0.089 9)	(0.124 5)	(0.163 3)	(0.208 5)
	4:1:2	0.039 3	0.068 8	0.147 5	0.224 3	0.326 3	0.458 4
		(0.039 4)	(0.068 9)	(0.147 1)	(0.224 2)	(0.323 9)	(0.457 8)

注:表中括号内数值来自有限元计算。

表 5-3 CSSF 经典边界条件三段耦合梁的归一化固有频率 Ω

参数	比值	1	2	3	4	5	6
$h_1:h_2:h_3$	3:2:1	0.005 0	0.031 3	0.053 4	0.080 5	0.097 4	0.160 1
		(0.004 9)	(0.031 2)	(0.053 9)	(0.080 5)	(0.097 5)	(0.162 0)
	3:1:2	0.002 3	0.034 0	0.052 5	0.077 1	0.096 1	0.166 4
		(0.002 2)	(0.034 6)	(0.052 5)	(0.077 1)	(0.097 9)	(0.166 3)
	1:1:1	0.005 5	0.046 1	0.055 7	0.071 6	0.154 9	0.174 2
		(0.005 5)	(0.046 3)	(0.055 8)	(0.072 4)	(0.155 7)	(0.174 2)
$a_1:a_2:a_3$	5:4:3	0.010 5	0.054 7	0.066 1	0.084 3	0.184 7	0.206 0
		(0.010 4)	(0.055 0)	(0.066 2)	(0.084 8)	(0.185 9)	(0.205 8)
	5:3:4	0.006 5	0.040 9	0.062 9	0.104 9	0.135 9	0.203 5
		(0.006 4)	(0.040 8)	(0.062 9)	(0.105 5)	(0.136 6)	(0.203 1)
	4:1:2	0.015 6	0.059 9	0.098 8	0.185 5	0.277 0	0.381 2
		(0.015 5)	(0.059 9)	(0.098 7)	(0.184 7)	(0.276 5)	(0.377 8)

注:表中括号内数值来自有限元计算。

从表 5-2 和表 5-3 可以看出,在各种经典边界条件下,由弹性边界理论获得的结果与有限元方法获得的结果基本一致,说明弹性边界理论可以很好地模拟各种经典边界条件。与有限元方法相比,使用弹性边界理论显著优势在于:它可以简单方便地对实际耦合结构进行参数化分析。

进一步以五段梁耦合模型(见图 5-5)为研究对象对弹性边界条件开展计算分析。

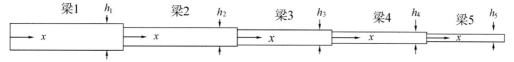

图 5-5 五段耦合梁结构示意图

计算过程中,假设梁 1,3,5 为钢梁,梁 2,4 为铝梁。设置所有的横向边界约束刚度为 1×10^6 N/m,旋转边界约束刚度为 1×10^4 N·m/rad。计算得到五段耦合梁在不同长度和厚度比情况下的归一化固有频率 Ω,如表 5-4 所示。

对于任意阶模态频率,可以根据位移表达式得到该阶模态频率对应的模态振型。表 5-5 给出了长度比为 4∶2∶2∶1∶1,厚度比为 3∶2∶3∶2∶1 的五段耦合梁在以上弹性边界条件下的前 6 阶固有模态振型。

表 5-4 弹性边界条件下五段耦合梁的归一化固有频率 Ω

参数	比值	1	2	3	4	5	6
$h_1:h_2:h_3:h_4:h_5$	3∶2∶1∶1∶1	0.058 6	0.060 2	0.060 5	0.097 2	0.113 9	0.151 7
		(0.058 6)	(0.060 2)	(0.060 5)	(0.097 5)	(0.115 1)	(0.151 8)
	3∶1∶2∶3∶1	0.057 7	0.060 2	0.096 0	0.102 7	0.134 4	0.154 5
		(0.058 9)	(0.060 2)	(0.095 9)	(0.102 6)	(0.134 1)	(0.156 1)
	1∶1∶1∶1∶1	0.092 7	0.095 5	0.097 5	0.110 3	0.116 0	0.177 1
		(0.092 8)	(0.095 5)	(0.097 4)	(0.111 0)	(0.116 5)	(0.177 1)
$a_1:a_2:a_3:a_4:a_5$	5∶4∶3∶2∶1	0.060 6	0.064 8	0.127 3	0.139 9	0.173 6	0.214 0
		(0.060 6)	(0.065 9)	(0.127 1)	(0.139 7)	(0.175 8)	(0.213 8)
	5∶3∶4∶1∶2	0.069 0	0.069 4	0.098 9	0.126 6	0.161 0	0.184 9
		(0.068 9)	(0.069 4)	(0.098 7)	(0.128 5)	(0.160 8)	(0.184 9)
	4∶2∶2∶1∶1	0.058 5	0.117 1	0.123 9	0.162 7	0.195 4	0.225 5
		(0.058 4)	(0.117 0)	(0.123 7)	(0.163 7)	(0.195 4)	(0.226 1)

注:表中括号内数值来自有限元计算。

表 5-5 弹性边界条件下五段耦合梁前六阶模态振型

模态阶数	弹性边界理论得到的振型	有限元方法得到的振型
第1阶		
第2阶		
第3阶		
第4阶		
第5阶		
第6阶		

从表 5-4 与表 5-5 可以看出,在弹性边界条件下,多段耦合梁的弹性边界理论模型的计算结果与有限元结果一致性同样很好。

5.2.3 弹性约束多段梁振动响应测试

以下进一步使用实验方法来验证弹性边界理论在实际耦合结构中的有效性,实验测试系统如图 5-6 所示。

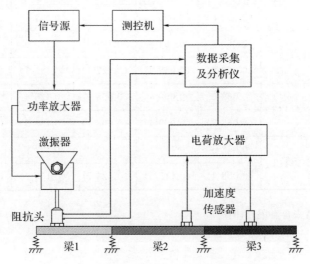

图 5-6 耦合结构振动响应测试系统示意图

在测试系统中,将长度为 1 m 的长梁通过 4 个弹簧安装在刚性基座上,弹簧下端与基座之间通过螺栓刚性连接,弹簧上端与长梁之间通过夹具刚性连接,基座可看作刚性基础。4个弹簧将长梁分为三段,每段梁的长度分别为 0.30 m,0.33 m 和 0.37 m。经弹簧刚度计算公式计算实验中弹簧的刚度约为 $2×10^4$ N/m。悬挂激振装置,并通过胶粘方式连接在梁的表面。振动加速度传感器安装在梁表面上。

在梁 1 上进行激励,使用振动加速度传感器拾取梁 1、梁 2 和梁 3 上的振动加速度,得到振动加速度响应的频响曲线。由弹性边界理论模型计算的结果与试验测试结果对比如图 5-7 所示,其中加速度级所用到的参考值为 $a_{ref}=10^{-6}$ m/s^2,力信号参考值为 $f_{ref}=1$ N。

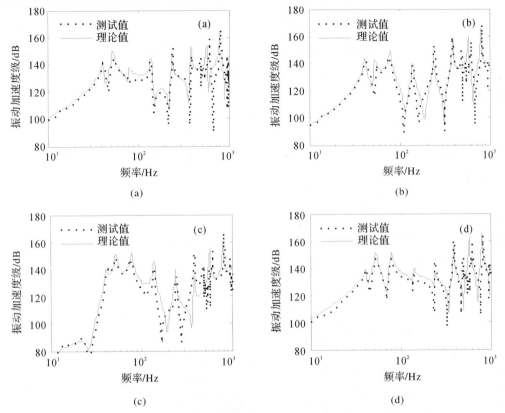

图 5-7 三段耦合梁振动响应测试值与理论值对比
(a)梁 1 测点响应;(b)梁 2 测点响应;(c)梁 3 测点响应;(d)梁 1 激励点响应

由以上分析可见,弹性边界理论可较好地解决多段耦合梁振动传递计算问题。借助于弹性边界理论,通过模拟耦合结构的实际边界,可拓展子结构导纳法在实际工程耦合结构中的应用。

5.3 弹性约束加筋板振动分析

5.3.1 弹性约束板基础理论

图 5-8 所示为四边带有弹性边界约束的矩形板,弹性边界约束均匀地分布在各条边的边线上,每条边均含有横向边界约束和旋转边界约束。横向边界约束相当于直簧,旋转边界约束

相当于扭簧。

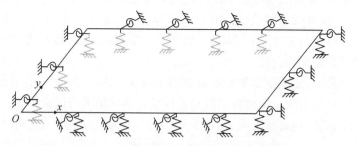

图 5-8 带有弹性边界约束的矩形板

与梁结构相同,对于这种弹性板结构的振动模态特性和振动响应求解,振动位移函数的假设是首要步骤。Wen L. Li[144-145]采用了改进的傅里叶级数形式表达了弹性边界条件下平板的振动位移,即

$$w(x) = \sum_{m=0}^{\infty} \sum_{n=0}^{\infty} A_{mn} \cos\frac{m\pi x}{a} \cos\frac{n\pi y}{b} + p(x,y) \tag{5-32}$$

式中,a 为平板在 x 方向的长度;b 为平板在 y 方向的长度;$p(x,y)$ 为增补函数,理论上函数 $p(x,y)$ 有无限多种。

弹性板的振动方程为

$$D\nabla^4 w(x,y) - \rho h \omega^2 w(x,y) = 0 \tag{5-33}$$

式中,D,ρ,h 分别为弹性板的弯曲刚度、密度、厚度;ω 为圆频率。

弹性边界条件下单块板的边界方程为[145]

$$\left. \begin{aligned} k_{x_0} w(x,y) &= -D\left[\frac{\partial^3 w}{\partial x^3} + (2-v)\frac{\partial^3 w}{\partial x \partial y^2}\right] \\ K_{x_0} \frac{\partial w}{\partial x} &= D\left(\frac{\partial^2 w}{\partial x^2} + v\frac{\partial^2 w}{\partial y^2}\right) \end{aligned} \right\} \quad x=0 \tag{5-34}$$

$$\left. \begin{aligned} k_{x_a} w(x,y) &= D\left[\frac{\partial^3 w}{\partial x^3} + (2-v)\frac{\partial^3 w}{\partial x \partial y^2}\right] \\ K_{x_a} \frac{\partial w}{\partial x} &= -D\left(\frac{\partial^2 w}{\partial x^2} + v\frac{\partial^2 w}{\partial y^2}\right) \end{aligned} \right\} \quad x=a \tag{5-35}$$

$$\left. \begin{aligned} k_{y_0} w(x,y) &= -D\left[\frac{\partial^3 w}{\partial y^3} + (2-v)\frac{\partial^3 w}{\partial x^2 \partial y}\right] \\ K_{y_0} \frac{\partial w}{\partial y} &= D\left(\frac{\partial^2 w}{\partial y^2} + v\frac{\partial^2 w}{\partial x^2}\right) \end{aligned} \right\} \quad y=0 \tag{5-36}$$

$$\left. \begin{aligned} k_{y_b} w(x,y) &= D\left[\frac{\partial^3 w}{\partial y^3} + (2-v)\frac{\partial^3 w}{\partial x^2 \partial y}\right] \\ K_{y_b} \frac{\partial w}{\partial y} &= -D\left(\frac{\partial^2 w}{\partial y^2} + v\frac{\partial^2 w}{\partial x^2}\right) \end{aligned} \right\} \quad y=a \tag{5-37}$$

式中,k_{x_0} 和 k_{x_a}(k_{y_0} 和 k_{y_b})为 $x=0$ 和 $x=a$($y=0$ 和 $y=b$)处的横向边界约束刚度;K_{x_0} 和 K_{x_a}(K_{y_0} 和 K_{y_b})为 $x=0$ 和 $x=a$($y=0$ 和 $y=b$)处的旋转边界约束刚度。

与梁弹性边界理论相同,可以使用复数形式的刚度引入边界阻尼,如用 $k_{x_0}(1+i\eta_{x_0})$ 代替 k_{x_0}。这里 η_{x_0} 就是描述横向边界约束的边界阻尼参数,其他的横向边界阻尼被定义为 η_{x_a},

η_{y_0}, η_{y_b}, 旋转边界阻尼分别为 u_{x_0}, u_{x_a}, u_{y_0}, u_{y_b}。

与单梁的弹性边界理论相同,在平板振动位移表达式中使用余弦级数可以将方程中的微分符号消去,但仅仅使用余弦函数表达振动位移有不足的方面。在 Wen L. Li 的文献[145]中弹性板模型位移表达式的增补函数为

$$p(x,y) = \sum_{l=1}^{4}\left(\xi_b^l(y)\sum_{m=0}^{\infty}c_m^l\cos\lambda_{am}x + \xi_a^l(x)\sum_{n=0}^{\infty}d_n^l\cos\lambda_{bn}y\right) \quad (5-38)$$

其中,c_m^l,d_n^l 为未知变量;函数 $\xi_a(x)$,$\xi_b(y)$ 均与梁结构中式(5-19)相同,均为普通三角函数的叠加。式(5-38)所示的增补函数是单梁增补函数在二维空间的扩展,换言之,单梁增补函数是平板位移增补函数式(5-38)在一维空间的简化。

5.3.2 弹性约束加筋板耦合振动理论

图 5-9 所示为弹性边界条件矩形加筋板,板上共有 I 根纵向加强筋,分别在 $x_1, x_2, \cdots, x_I$ 处,共有 J 根横向加强筋,分别在 $y_1, y_2, \cdots, y_J$ 处,加强筋与矩形板边平行。矩形板 x 方向长度为 a,y 方向长度为 b。加筋板四边有弹性边界约束。

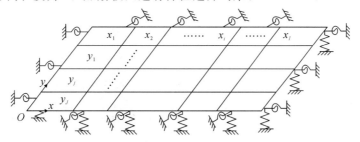

图 5-9 四边带有弹性边界约束加筋板示意图

根据平板和加强筋的连续性条件,得到加筋板耦合振动方程为[146]

$$\begin{aligned}
&D\nabla^4 w(x,y) - \rho h\omega^2 w(x,y) + \\
&\sum_{j=1}^{J}\left[B_1^{y_j}\frac{\partial^4 w(x,y_j)}{\partial x^4} - \rho_b^{y_j}A_b^{y_j}\omega^2 w(x,y_j)\right]\delta(y-y_j) + \\
&\sum_{j=1}^{J}\left[B_2^{y_j}\frac{\partial^4 \theta^y(x,y_j)}{\partial x^4} - B_3^{y_j}\frac{\partial^2 \theta^y(x,y_j)}{\partial x^2} - \rho_b^{y_j}I_p^{y_j}\omega^2\theta^y(x,y_j)\right]\frac{\partial\delta(y-y_j)}{\partial y} + \\
&\sum_{i=1}^{I}\left[B_1^{x_i}\frac{\partial^4 w(x_i,y)}{\partial y^4} - \rho_b^{x_i}A_b^{x_i}\omega^2 w(x_i,y)\right]\delta(x-x_i) + \\
&\sum_{i=1}^{I}\left[B_2^{x_i}\frac{\partial^4 \theta^x(x_i,y)}{\partial y^4} - B_3^{x_i}\frac{\partial^2 \theta^x(x_i,y)}{\partial y^2} - \rho_b^{x_i}I_p^{x_i}\omega^2\theta^x(x_i,y)\right]\frac{\partial\delta(x-x_i)}{\partial x} = 0
\end{aligned}$$
(5-39)

式中,$i=1,2,\cdots,I$,$j=1,2,\cdots,J$。$B_1^{y_j}$,$B_2^{y_j}$,$B_3^{y_j}$,$\rho_b^{y_j}$,$A_b^{y_j}$,$I_p^{y_j}$ 分别表示的是第 j 根横向加强筋的弯曲刚度、翘曲刚度、扭转刚度、密度、截面积、极惯性矩。同样地,$B_1^{x_i}$,$B_2^{x_i}$,$B_3^{x_i}$,$\rho_b^{x_i}$,$A_b^{x_i}$,$I_p^{x_i}$ 表示的是第 i 根纵向加强筋的相应参数。$\nabla^4 = \partial^4/\partial x^4 + 2\partial^4/\partial x^2\partial y^2 + \partial^4/\partial y^4$ 为双调和算子,δ 为狄拉克函数。ω 为圆频率。转角 $\theta^y(x,y_j)$ 和 $\theta^x(x_i,y)$ 可以表示为

$$\theta^y(x,y_j) = \frac{\partial w(x,y)}{\partial y}\bigg|_{y=y_j} \quad (5-40)$$

$$\theta^x(x_i,y) = \frac{\partial w(x,y)}{\partial x}\bigg|_{x=x_i} \qquad (5-41)$$

矩形板的位移函数可以表达为改进的傅里叶级数,完整写为[145]

$$w(x,y) = \sum_{m=0}^{\infty}\sum_{n=0}^{\infty} A_{mn}\cos\lambda_{am}x\cos\lambda_{bn}y + \sum_{l=1}^{4}\left(\xi_b^l(y)\sum_{m=0}^{\infty}c_m^l\cos\lambda_{am}x + \xi_a^l(x)\sum_{n=0}^{\infty}d_n^l\cos\lambda_{bn}y\right) \qquad (5-42)$$

式中,$\lambda_{am} = m\pi/a$,$\lambda_{bn} = n\pi/b$,在级数求和中,m 截断项数为 M,n 截断项数为 N。

为了消除边界方程和振动方程中的 x,y 位置项,需要把 $\xi_a^l(x)$,$\xi_b^l(y)$ 和它们的导数 $\xi_a^{l'}(x)$,$\xi_a^{l''}(x)$,$\xi_a^{l'''}(x)$,$\xi_b^{l'}(y)$,$\xi_b^{l''}(y)$,$\xi_b^{l'''}(y)$ 展开成一系列的余弦级数,即

$$[\xi_a^l(x)\quad \xi_a^{l'}(x)\quad \xi_a^{l''}(x)\quad \xi_a^{l'''}(x)] = \sum_{m=0}^{M}[\alpha_m^l\quad \alpha_m^{\bar l}\quad \alpha_m^{-l}\quad \alpha_m^{=l}]\cos\lambda_{am}x \qquad (5-43)$$

$$[\xi_b^l(y)\quad \xi_b^{l'}(y)\quad \xi_b^{l''}(y)\quad \xi_b^{l'''}(y)] = \sum_{n=0}^{N}[\beta_n^l\quad \beta_n^{\bar l}\quad \beta_n^{-l}\quad \beta_n^{=l}]\cos\lambda_{bn}y \qquad (5-44)$$

式中

$$[\alpha_m^1\quad \alpha_m^2\quad \alpha_m^3\quad \alpha_m^4]^T = \boldsymbol{B}_a\boldsymbol{\tau} \qquad (5-45)$$

$$[\alpha_m^{-1}\quad \alpha_m^{-2}\quad \alpha_m^{-3}\quad \alpha_m^{-4}]^T = -\boldsymbol{B}_a\boldsymbol{A}_0^2\boldsymbol{\tau}/a^2 \qquad (5-46)$$

$$[\alpha_m^{=1}\quad \alpha_m^{=2}\quad \alpha_m^{=3}\quad \alpha_m^{=4}]^T = \boldsymbol{B}_a\boldsymbol{A}_0^4\boldsymbol{\tau}/a^4 \qquad (5-47)$$

$$[\alpha_m^{\bar 1}\quad \alpha_m^{\bar 2}\quad \alpha_m^{\bar 3}\quad \alpha_m^{\bar 4}]^T = \boldsymbol{B}_a\boldsymbol{A}_1\boldsymbol{\varepsilon}/a \qquad (5-48)$$

$$[\beta_n^1\quad \beta_n^2\quad \beta_n^3\quad \beta_n^4]^T = \boldsymbol{B}_b\boldsymbol{\kappa} \qquad (5-49)$$

$$[\beta_n^{-1}\quad \beta_n^{-2}\quad \beta_n^{-3}\quad \beta_n^{-4}]^T = -\boldsymbol{B}_b\boldsymbol{A}_0^2\boldsymbol{\kappa}/b^2 \qquad (5-50)$$

$$[\beta_n^{=1}\quad \beta_n^{=2}\quad \beta_n^{=3}\quad \beta_n^{=4}]^T = \boldsymbol{B}_b\boldsymbol{A}_0^4\boldsymbol{\kappa}/b^4 \qquad (5-51)$$

$$[\beta_n^{\bar 1}\quad \beta_n^{\bar 2}\quad \beta_n^{\bar 3}\quad \beta_n^{\bar 4}]^T = \boldsymbol{B}_b\boldsymbol{A}_1\boldsymbol{\zeta}/b \qquad (5-52)$$

这里,矩阵 $\boldsymbol{A}_0$,$\boldsymbol{A}_1$ 为

$$\boldsymbol{A}_0 = \text{diag}(1,1,3,3)\times\pi/2 \qquad (5-53)$$

$$\boldsymbol{A}_1 = \text{diag}(1,-1,3,-3)\times\pi/2 \qquad (5-54)$$

$\boldsymbol{\tau}$,$\boldsymbol{\kappa}$,$\boldsymbol{\varepsilon}$ 与 $\boldsymbol{\zeta}$ 均为四元素矢量,其中 $\boldsymbol{\tau}$ 与 $\boldsymbol{\varepsilon}$ 可以表达为

$$\boldsymbol{\tau} = [\tau_{am}^1\quad \tau_{am}^2\quad \tau_{am}^3\quad \tau_{am}^4]^T \qquad (5-55)$$

$$\boldsymbol{\varepsilon} = [\varepsilon_{am}^1\quad \varepsilon_{am}^2\quad \varepsilon_{am}^3\quad \varepsilon_{am}^4]^T \qquad (5-56)$$

矢量 $\boldsymbol{\tau}$ 中的元素与式(5-14)中相同,矢量 $\boldsymbol{\varepsilon}$ 和矢量 $\boldsymbol{\tau}$ 的关系为

$$[\varepsilon_{am}^1\quad \varepsilon_{am}^2\quad \varepsilon_{am}^3\quad \varepsilon_{am}^4]^T = [\tau_{am}^2\quad \tau_{am}^1\quad \tau_{am}^4\quad \tau_{am}^3]^T \qquad (5-57)$$

用 n 替换 m 可以从矢量 $\boldsymbol{\tau}$ 和 $\boldsymbol{\varepsilon}$ 中得到矢量 $\boldsymbol{\kappa}$ 和矢量 $\boldsymbol{\zeta}$。

将式(5-42)代入加筋板的振动控制方程式(5-39)中,然后两边同时乘以 $\cos\lambda_{ap}x\cos\lambda_{bq}y$(这里 p 和 q 是任意的非负整数,独立于 m,n),在整个板表面进行积分,然后符号 p 与 m 对调,符号 q 与 n 对调,得到加筋板结构耦合振动方程为

$$D\left\{\begin{array}{l}[\lambda_{am}^4+2\lambda_{am}^2\lambda_{bn}^2+\lambda_{bn}^4]A_{mn}+\sum_{l=1}^4[\beta_n^l\lambda_{am}^4-2\beta_n^{-l}\lambda_{am}^2+\beta_n^{=l}]c_m^l+\\ \sum_{l=1}^4[\alpha_m^{=l}-2\alpha_m^{-l}\lambda_{bn}^2+\alpha_m^l\lambda_{bn}^4]d_n^l\end{array}\right\}L_m^xL_n^y+$$

$$\sum_{j=1}^J\sum_{q=0}^N(B_1^{y_j}\lambda_{am}^4L_{qj}^1-B_2^{y_j}\lambda_{am}^4\lambda_{bq}\sin\lambda_{bq}y_jL_{qj}^3-B_3^{y_j}\lambda_{am}^2\lambda_{bq}\sin\lambda_{bq}y_jL_{qj}^3)A_{mq}+$$

$$\sum_{i=1}^I\sum_{p=0}^M(B_1^{x_i}\lambda_{bn}^4L_{pi}^2-B_2^{x_i}\lambda_{ap}\lambda_{bn}^4\sin\lambda_{ap}x_iL_{pi}^4-B_3^{x_i}\lambda_{ap}\lambda_{bn}^2\sin\lambda_{ap}x_iL_{pi}^4)A_{pn}+$$

$$\sum_{j=1}^J\sum_{q=0}^N\sum_{l=1}^4(B_1^{y_j}\beta_q^l\lambda_{am}^4L_{qj}^1+B_2^{y_j}\bar{\beta}_q^l\lambda_{am}^4\cos\lambda_{bq}y_jL_{qj}^3+B_3^{y_j}\bar{\beta}_q^l\lambda_{am}^2\cos\lambda_{bq}y_jL_{qj}^3)c_m^l+$$

$$\sum_{i=1}^I\sum_{p=0}^M\sum_{l=1}^4(B_1^{x_i}\beta_n^{=l}L_{pi}^2-B_2^{x_i}\beta_n^{=l}\lambda_{ap}\sin\lambda_{ap}x_iL_{pi}^4+B_3^{x_i}\beta_n^{-l}\lambda_{ap}\sin\lambda_{ap}x_iL_{pi}^4)c_p^l+$$

$$\sum_{i=1}^I\sum_{p=0}^M\sum_{l=1}^4(B_1^{x_i}\alpha_p^l\lambda_{bn}^4L_{pi}^2+B_2^{x_i}\bar{\alpha}_p^l\lambda_{bn}^4\cos\lambda_{ap}x_iL_{pi}^4+B_3^{x_i}\bar{\alpha}_p^l\lambda_{bn}^2\cos\lambda_{ap}x_iL_{pi}^4)d_n^l+$$

$$\sum_{j=1}^J\sum_{q=0}^N\sum_{l=1}^4(B_1^{y_j}\alpha_m^{=l}L_{qj}^1-B_2^{y_j}\alpha_m^{=l}\lambda_{bq}\sin\lambda_{bq}y_jL_{qj}^3+B_3^{y_j}\alpha_m^{-l}\lambda_{bq}\sin\lambda_{bq}y_jL_{qj}^3)d_q^l-$$

$$\rho h\omega^2\left[A_{mn}+\sum_{l=1}^4(\beta_n^lc_m^l+\alpha_m^ld_n^l)\right]L_m^xL_n^y-$$

$$\omega^2\sum_{j=1}^J\sum_{q=0}^N(\rho_b^{y_j}A_b^{y_j}L_{qj}^1-\rho_b^{y_j}I_p^{y_j}\lambda_{bq}\sin\lambda_{bq}y_jL_{qj}^3)A_{mq}-$$

$$\omega^2\sum_{i=1}^I\sum_{p=0}^M(\rho_b^{x_i}A_b^{x_i}L_{pi}^2-\rho_b^{x_i}I_p^{x_i}\lambda_{ap}\sin\lambda_{ap}x_iL_{pi}^4)A_{pn}-$$

$$\omega^2\sum_{j=1}^J\sum_{q=0}^N\sum_{l=1}^4(\rho_b^{y_j}A_b^{y_j}\beta_q^lL_{qj}^1+\rho_b^{y_j}I_p^{y_j}\bar{\beta}_q^l\cos\lambda_{bq}y_jL_{qj}^3)c_m^l-$$

$$\omega^2\sum_{i=1}^I\sum_{p=0}^M\sum_{l=1}^4(\rho_b^{x_i}A_b^{x_i}\beta_n^lL_{pi}^2-\rho_b^{x_i}I_p^{x_i}\beta_n^l\lambda_{ap}\sin\lambda_{ap}x_iL_{pi}^4)c_p^l-$$

$$\omega^2\sum_{i=1}^I\sum_{p=0}^M\sum_{l=1}^4(\rho_b^{x_i}A_b^{x_i}\alpha_p^lL_{pi}^2+\rho_b^{x_i}I_p^{x_i}\bar{\alpha}_p^l\cos\lambda_{ap}x_iL_{pi}^4)d_n^l-$$

$$\omega^2\sum_{j=1}^J\sum_{q=0}^N\sum_{l=1}^4(\rho_b^{y_j}A_b^{y_j}\alpha_m^lL_{qj}^1-\rho_b^{y_j}I_p^{y_j}\alpha_m^l\lambda_{bq}\sin\lambda_{bq}y_jL_{qj}^3)d_q^l=0 \quad (5-58)$$

式中,变量 $L_m^x,L_n^y,L_{qj}^1,L_{pi}^2,L_{qj}^3,L_{pi}^4$ 的表达式分别为

$$L_m^x=\int_0^a\cos^2\lambda_{am}x\,\mathrm{d}x=\begin{cases}a & m=0\\ a/2 & m\neq 0\end{cases} \quad (5-59)$$

$$L_n^y=\int_0^b\cos^2\lambda_{bn}y\,\mathrm{d}y=\begin{cases}b & n=0\\ b/2 & n\neq 0\end{cases} \quad (5-60)$$

$$L_{qj}^1=L_m^x\cos\lambda_{bq}y_j\cos\lambda_{bn}y_j \quad (5-61)$$

$$L_{pi}^2=L_n^y\cos\lambda_{ap}x_i\cos\lambda_{am}x_i \quad (5-62)$$

$$L_{qj}^3=L_m^x\lambda_{bn}\sin\lambda_{bn}y_j \quad (5-63)$$

$$L_{pi}^4 = L_n^y \lambda_{am} \sin\lambda_{am} x_i \tag{5-64}$$

将平板位移表达式(5-42)代入式(5-34)~式(5-37)给出的边界方程,使得边界方程可以写成矩阵的形式:

$$Hp = Qa \tag{5-65}$$

式中,矩阵 H 和 Q 均为边界方程经过整理得到的已知矩阵。矢量 p 和 a 分别为

$$\begin{aligned} p = [&c_0^1\ c_1^1\ \cdots c_m^1 \cdots c_M^1\ c_0^2\ c_1^2\ \cdots c_m^2 \cdots c_M^2\ c_0^3\ c_1^3\ \cdots c_m^3 \cdots c_M^3\ c_0^4\ c_1^4\ \cdots c_m^4 \cdots c_M^4 \\ &d_0^1\ d_1^1\ \cdots d_n^1 \cdots d_N^1\ d_0^2\ d_1^2\ \cdots d_n^2 \cdots d_N^2\ d_0^3\ d_1^3\ \cdots d_n^3 \cdots d_N^3\ d_0^4\ d_1^4\ \cdots d_n^4 \cdots d_N^4]^T \end{aligned} \tag{5-66}$$

$$a = [A_{00}\ A_{01}\ A_{02}\ \cdots A_{0N}\ A_{10}\ A_{11}\ A_{12}\ \cdots A_{1N}\ \cdots A_{mn} \cdots A_{M0}\ A_{M1}\ A_{M2}\ \cdots A_{MN}]^T \tag{5-67}$$

去微分符号后的振动方程可以进一步写成矩阵形式:

$$(K_a + K_{ap} + K_{aq})a + Sp - \omega^2(M_a + M_{ap} + M_{aq})a - \omega^2 Tp = 0 \tag{5-68}$$

利用式(5-65)消去式(5-68)中的矢量 p,则得到更简洁的线性方程组:

$$(K - \omega^2 M)a = 0 \tag{5-69}$$

式中

$$K = K_a + K_{ap} + K_{aq} + S H^{-1} Q \tag{5-70}$$

$$M = M_a + M_{ap} + M_{aq} + T H^{-1} Q \tag{5-71}$$

矩阵 $K_a, K_{ap}, K_{aq}, M_a, M_{ap}, M_{aq}, S, T$ 中的元素为

$$\left. \begin{aligned} K_{a,r,r} &= D(\lambda_{am}^4 + 2\lambda_{am}^2\lambda_{bn}^2 + \lambda_{bn}^4) L_m^x L_n^y \\ K_{ap,r,s} &= \sum_{i=1}^{I}(B_1^{x_i}\lambda_{bn}^4 L_{pi}^2 - B_2^{x_i}\lambda_{ap}\lambda_{bn}^4 \sin\lambda_{ap} x_i L_{pi}^4 - B_3^{x_i}\lambda_{ap}\lambda_{bn}^2 \sin\lambda_{ap} x_i L_{pi}^4) \\ K_{aq,r,t} &= \sum_{j=1}^{J}(B_1^{y_j}\lambda_{am}^4 L_{qj}^1 - B_2^{y_j}\lambda_{am}^4 \lambda_{bq} \sin\lambda_{bq} y_j L_{qj}^3 - B_3^{y_j}\lambda_{am}^2 \lambda_{bq} \sin\lambda_{bq} y_j L_{qj}^3) \end{aligned} \right\} \tag{5-72}$$

$$\left. \begin{aligned} M_{a,r,r} &= \rho h L_m^x L_n^y \\ M_{ap,r,s} &= \sum_{i=1}^{I}(\rho_b^{x_i} A_b^{x_i} L_{pi}^2 - \rho_b^{x_i} I_p^{x_i} \lambda_{ap} \sin\lambda_{ap} x_i L_{pi}^4) \\ M_{aq,r,t} &= \sum_{j=1}^{J}(\rho_b^{y_j} A_b^{y_j} L_{qj}^1 - \rho_b^{y_j} I_p^{y_j} \lambda_{bq} \sin\lambda_{bq} y_j L_{qj}^3) \end{aligned} \right\} \tag{5-73}$$

式中,$r = m(N+1) + n + 1, s = p(N+1) + n + 1, t = m(N+1) + q + 1$。

$$S = [S_a^1\ S_a^2\ S_a^3\ S_a^4\ S_b^1\ S_b^2\ S_b^3\ S_b^4] \tag{5-74}$$

$$\left. \begin{aligned} S_a^l &= S_{am}^{\text{plate}-l} + S_{am}^{\text{beam}-l} + S_{ap}^l \quad (l=1,2,3,4) \\ S_b^l &= S_{bn}^{\text{plate}-l} + S_{bn}^{\text{beam}-l} + S_{bq}^l \quad (l=1,2,3,4) \end{aligned} \right\} \tag{5-75}$$

$$S^{\text{plate}} = [S_{am}^{\text{plate}-1}\ S_{am}^{\text{plate}-2}\ S_{am}^{\text{plate}-3}\ S_{am}^{\text{plate}-4}\ S_{bn}^{\text{plate}-1}\ S_{bn}^{\text{plate}-2}\ S_{bn}^{\text{plate}-3}\ S_{bn}^{\text{plate}-4}] \tag{5-76}$$

$$\begin{aligned} S^{\text{beam}} = [&S_{am}^{\text{beam}-1} + S_{ap}^1\ \ S_{am}^{\text{beam}-2} + S_{ap}^2\ \ S_{am}^{\text{beam}-3} + S_{ap}^3\ \ S_{am}^{\text{beam}-4} + S_{ap}^4 \\ &S_{bn}^{\text{beam}-1} + S_{bq}^1\ \ S_{bn}^{\text{beam}-2} + S_{bq}^2\ \ S_{bn}^{\text{beam}-3} + S_{bq}^3\ \ S_{bn}^{\text{beam}-4} + S_{bq}^4] \end{aligned} \tag{5-77}$$

$$T = [T_a^1\ T_a^2\ T_a^3\ T_a^4\ T_b^1\ T_b^2\ T_b^3\ T_b^4] \tag{5-78}$$

$$\left. \begin{aligned} T_a^l &= T_{am}^l + T_{ap}^l \quad (l=1,2,3,4) \\ T_b^l &= T_{bn}^l + T_{bq}^l \quad (l=1,2,3,4) \end{aligned} \right\} \tag{5-79}$$

$$\left.\begin{aligned}
S_{am,r,m+1}^{\text{plate}-l} &= D(\beta_n^l \lambda_{am}^4 - 2\beta_n^{-l}\lambda_{am}^2 + \beta_n^{=l})L_m^x L_n^y \\
S_{am,r,m+1}^{\text{beam}-l} &= \sum_{j=1}^{J}\sum_{q=0}^{N}(B_1^{y_j}\beta_q^l \lambda_{am}^4 L_{qj}^1 + B_2^{y_j}\bar{\beta}_q^l \lambda_{am}^4 \cos\lambda_{bq}y_j L_{qj}^3 + B_3^{y_j}\bar{\beta}_q^l \lambda_{am}^2 \cos\lambda_{bq}y_j L_{qj}^3) \\
S_{ap,r,p+1}^{l} &= \sum_{i=1}^{I}(B_1^{x_i}\beta_n^{=l} L_{pi}^2 - B_2^{x_i}\beta_n^{=l}\lambda_{ap}\sin\lambda_{ap}x_i L_{pi}^4 + B_3^{x_i}\beta_n^{-l}\lambda_{ap}\sin\lambda_{ap}x_i L_{pi}^4)
\end{aligned}\right\} \quad (5-80)$$

$$\left.\begin{aligned}
S_{bn,r,n+1}^{\text{plate}-l} &= D(\alpha_m^{=l} - 2\alpha_m^{-l}\lambda_{bn}^2 + \alpha_m^l \lambda_{bn}^4)L_m^x L_n^y \\
S_{bn,r,n+1}^{\text{beam}-l} &= \sum_{i=1}^{I}\sum_{p=0}^{M}(B_1^{x_i}\alpha_p^l \lambda_{bn}^4 L_{pi}^2 + B_2^{x_i}\bar{\alpha}_p^l \lambda_{bn}^4 \cos\lambda_{ap}x_i L_{pi}^4 + B_3^{x_i}\bar{\alpha}_p^l \lambda_{bn}^2 \cos\lambda_{ap}x_i L_{pi}^4) \\
S_{bq,r,q+1}^{l} &= \sum_{j=1}^{J}(B_1^{y_j}\alpha_m^{=l} L_{qj}^1 - B_2^{y_j}\alpha_m^{=l}\lambda_{bq}\sin\lambda_{bq}y_j L_{qj}^3 + B_3^{y_j}\alpha_m^{-l}\lambda_{bq}\sin\lambda_{bq}y_j L_{qj}^3)
\end{aligned}\right\} \quad (5-81)$$

$$\left.\begin{aligned}
T_{am,r,m+1}^{l} &= \rho h \beta_n^l L_m^x L_n^y + \sum_{j=1}^{J}\sum_{q=0}^{N}(\rho_b^{y_j} A_b^{y_j}\beta_q^l L_{qj}^1 + \rho_b^{y_j} I_p^{y_j}\bar{\beta}_q^l \cos\lambda_{bq}y_j L_{qj}^3) \\
T_{ap,r,p+1}^{l} &= \sum_{i=1}^{I}(\rho_b^{x_i} A_b^{x_i}\beta_n^l L_{pi}^2 - \rho_b^{x_i} I_p^{x_i}\beta_n^l \lambda_{ap}\sin\lambda_{ap}x_i L_{pi}^4) \\
T_{bn,r,n+1}^{l} &= \rho h \alpha_m^l L_m^x L_n^y + \sum_{i=1}^{I}\sum_{p=0}^{M}(\rho_b^{x_i} A_b^{x_i}\alpha_p^l L_{pi}^2 + \rho_b^{x_i} I_p^{x_i}\bar{\alpha}_p^l \cos\lambda_{ap}x_i L_{pi}^4) \\
T_{bq,r,q+1}^{l} &= \sum_{j=1}^{J}(\rho_b^{y_j} A_b^{y_j}\alpha_m^l L_{qj}^1 - \rho_b^{y_j} I_p^{y_j}\alpha_m^l \lambda_{bq}\sin\lambda_{bq}y_j L_{qj}^3)
\end{aligned}\right\} \quad (5-82)$$

式中,$r=m(N+1)+n+1$。

式(5-69)为标准的自由振动方程,求解简便。在矢量 a 被求解出后,相应的矢量 p 能从式(5-65)中直接求解出来,将矩阵的特征向量代入位移表达式中可以求出相应的结构模态振型。为了方便起见,在下文的仿真中,使用归一化固有频率:

$$\Omega = \frac{\omega b^2}{\pi^2}\sqrt{\frac{\rho h}{D}} \quad (5-83)$$

将载荷矢量 F 代入式(5-69)的右边,则能方便地求解加筋板的稳态响应:

$$(\boldsymbol{K} - \omega^2 \boldsymbol{M})\boldsymbol{a} = \boldsymbol{F} \quad (5-84)$$

若外激励力为点激励力,则 F 矢量中的元素为

$$F_{r,r} = F_0 \cos\lambda_{am}x_0 \cos\lambda_{bn}y_0 \quad (r=m(N+1)+n+1) \quad (5-85)$$

式中,F_0 是载荷的幅值;(x_0, y_0) 为点激励力的位置。

若加强筋和板皆含有各自的阻尼特性,瑞利比例阻尼可以被引入耦合振动方程中。这个阻尼矩阵可以表达为质量矩阵和刚度矩阵的线性组合,即

$$\boldsymbol{C} = \sigma_1 \boldsymbol{M} + \sigma_2 \boldsymbol{K} + \sigma_3(\boldsymbol{K}_a + \boldsymbol{S}^{\text{plate}}\boldsymbol{H}^{-1}\boldsymbol{Q}) + \sigma_4(\boldsymbol{K}_{ap} + \boldsymbol{K}_{aq} + \boldsymbol{S}^{\text{beam}}\boldsymbol{H}^{-1}\boldsymbol{Q}) \quad (5-86)$$

式中,σ_1 是质量矩阵因子;σ_2 是全局刚度矩阵因子;σ_3 是平板的刚度矩阵因子;σ_4 是梁的刚度矩阵因子。

含有阻尼的受迫振动线性方程组可以表达为

$$(\boldsymbol{K} + j\omega\boldsymbol{C} - \omega^2\boldsymbol{M})\boldsymbol{a} = \boldsymbol{F} \quad (5-87)$$

5.4 本章小结

边界条件对复杂耦合结构的振动特性产生影响，因此本章以多段耦合梁与加筋耦合板为例，详细描述了弹性边界条件在耦合结构振动问题中的应用与求解。通过引入直簧、扭簧等弹性元件而构造了一般性的弹性边界条件，由此系统可以模拟简支、固支、自由等各种经典的边界条件。多段耦合梁与加筋耦合板中的有限元仿真与试验测试均验证了弹性边界相关理论在求解弹性边界条件下耦合结构振动特性时的有效性。这种理论建模方法解决了有限子结构导纳功率流方法的边界问题，为该方法在实际工程复杂耦合结构中的应用提供了重要支撑。

第6章 板-壳耦合结构振动传递分析

板-壳耦合结构是工程中非常普遍的结构。例如,由椭圆壳体与内部多个防波板连接而成的石油运输罐体、飞机机身与机翼连接而构成的组合结构,以及由壳体、铺板与端板等组成的水下航行器的框架等都可以认为是典型的板壳耦合结构。由于这些装备内部构造复杂,精确建模与计算十分困难,从国内外公开发表的文章及著作来看,一般都简化为板壳耦合结构。此外,常用的基本结构一般并非简单的匀质结构,而是含有加强筋的结构。加强筋的存在,不仅可以提高结构强度,还能够增大结构对振动的抵抗程度。

本章以板-壳耦合结构为例,阐述有限子结构导纳功率流方法在复杂耦合结构中的应用,并分别讨论多点激励分布形式、铺板与圆柱壳间的连接刚度,以及流体负载等因素对加筋板壳耦合结构振动传递特性的影响。

6.1 加筋板壳耦合结构导纳功率流

6.1.1 多源激励下加筋板壳刚性连接结构耦合振动方程

如图 6-1 所示,铺板与壳体间存在两条衔接线,其耦合边界条件可以用衔接线上力平衡和速度连续条件描述。

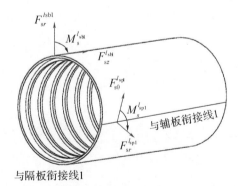

图 6-1 多点激励下加筋板壳耦合结构示意图

加筋矩形板受到的耦合力为 f_{cpi},其中 $i=1,2$ 表示第 i 条衔接线;加筋圆柱壳受到的耦合力为 f_{csi}。在多点激励下,加筋矩形板和加筋圆柱壳在两耦合边界处的振动响应可以用相应的导纳表示为

$$\begin{bmatrix} \boldsymbol{u}_{cp1} \\ \boldsymbol{u}_{cp2} \end{bmatrix} = \boldsymbol{A} \begin{bmatrix} \boldsymbol{f}_{cp1} \\ \boldsymbol{f}_{cp2} \end{bmatrix} + \sum_{j=1}^{J} \boldsymbol{A}_e^j f_e^j \qquad (6-1)$$

$$\begin{bmatrix} \boldsymbol{u}_{cs1} \\ \boldsymbol{u}_{cs2} \end{bmatrix} = \boldsymbol{B} \begin{bmatrix} \boldsymbol{f}_{cs1} \\ \boldsymbol{f}_{cs2} \end{bmatrix} \qquad (6-2)$$

其中，u_{cpi} 为加筋矩形板在衔接线上的响应，$i=1,2$ 表示第 i 条衔接线；f_{cpi} 和 A 分别为加筋板所受耦合力及其对应的导纳矩阵；A_e^j 为铺板上第 j 个外界点激励对应的导纳矩阵；u_{csi} 为加筋圆柱壳在衔接线上的响应；f_{csi} 和 B 分别为加筋圆柱壳所受耦合力及其对应的导纳矩阵。

将加筋板和加筋圆柱壳的振动响应从局部坐标系转换到全局坐标系。在全局坐标系中，铺板与壳体在衔接线上满足力边界连续条件，即

$$T_p \begin{bmatrix} f_{cp1} \\ f_{cp2} \end{bmatrix} + T_s \begin{bmatrix} f_{cs1} \\ f_{cs2} \end{bmatrix} = 0 \quad (6-3)$$

$$T_p \begin{bmatrix} u_{cp1} \\ u_{cp2} \end{bmatrix} - T_s \begin{bmatrix} u_{cs1} \\ u_{cs2} \end{bmatrix} = 0 \quad (6-4)$$

其中，T_p 和 T_s 分别表示从加筋板和加筋圆柱壳的局部坐标系到全局坐标系的坐标变换矩阵。

联立式(6-1)~式(6-4)，得到

$$(A + T_p^{-1} T_s B T_s^{-1} T_p) \begin{bmatrix} f_{cp1} \\ f_{cp2} \end{bmatrix} = -\sum_{j=1}^{J} A_e^j f_e^j \quad (6-5)$$

由式(6-5)可以计算得到加筋板受到的耦合力 f_{cp1} 和 f_{cp2}，进而由式(6-3)得到加筋壳受到的耦合力 f_{cs1} 和 f_{cs2}。将计算得到的耦合力分别代入加筋板与加筋壳的振动方程，得到其振动响应。

6.1.2 单点激励下加筋板壳结构弹性连接模型

在两端开口的加筋板壳耦合结构中，铺板与壳体间存在两条衔接线。对于弹性连接的子结构，可以采用虚拟弹簧方法来分析连接刚度对结构振动特性的影响。铺板与壳体之间的弹性连接如图 6-2 所示。

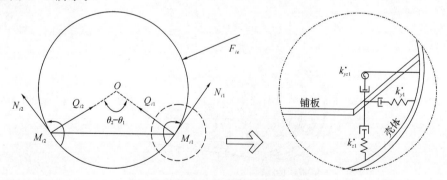

图 6-2 耦合边界上虚拟弹簧示意图

在板壳耦合系统中，壳体受到沿衔接线分布的耦合力 F_{sci} 激励，其中 $i=1,2$ 表示第 i 条衔接线；铺板同时受到耦合力 F_{pci} 和外界点力 F_{pe} 激励。根据子结构导纳方法，铺板和壳体振动方程分别如式(6-1)和式(6-2)所示，只是此时式(6-1)中 $J=1$。

假设铺板和圆柱壳均为两端简支边界条件，可以忽略二者沿轴向的耦合力。这表明建模中只需考虑板壳在切向和径向的耦合力以及绕衔接线的耦合弯矩，因此板壳间的弹簧阻尼系统也沿着这三个方向，如图 6-2 所示。铺板与壳体间的虚拟弹簧阻尼系统沿不同方向具有不同的复刚度系数。弹簧阻尼系统沿耦合边界的复刚度矩阵可以表示为

$$\boldsymbol{K}_i = \begin{bmatrix} k_{yi}^* \\ k_{zi}^* \\ k_{yzi}^* \end{bmatrix} = \begin{bmatrix} k_{yi}(1+\mathrm{j}\eta_{yi}) \\ k_{zi}(1+\mathrm{j}\eta_{zi}) \\ k_{yzi}(1+\mathrm{j}\eta_{yzi}) \end{bmatrix} \quad (i=1,2) \tag{6-6}$$

根据耦合边界处力和速度的连续条件,得到两衔接线处力的连续方程仍如式(6-3)所示,但位移连续条件式(6-4)不再适用,取而代之的是

$$\begin{bmatrix} \boldsymbol{f}_{\mathrm{cp1}} \\ \boldsymbol{f}_{\mathrm{cp2}} \end{bmatrix} = \begin{bmatrix} \boldsymbol{K}_1 & 0 \\ 0 & \boldsymbol{K}_1 \end{bmatrix} \left\{ \boldsymbol{T}_\mathrm{s} \begin{bmatrix} \boldsymbol{u}_{\mathrm{s1}} \\ \boldsymbol{u}_{\mathrm{s2}} \end{bmatrix} - \boldsymbol{T}_\mathrm{p} \begin{bmatrix} \boldsymbol{u}_{\mathrm{p1}} \\ \boldsymbol{u}_{\mathrm{p2}} \end{bmatrix} \right\} \tag{6-7}$$

将式(6-1)和式(6-2)代入式(6-7),并联立式(6-3),得到铺板与壳体弹性连接情况下的耦合振动方程为

$$\left\{ \boldsymbol{E} + \begin{bmatrix} \boldsymbol{k}_1 & 0 \\ 0 & \boldsymbol{k}_2 \end{bmatrix} \boldsymbol{T}_\mathrm{p} \boldsymbol{A} + \begin{bmatrix} \boldsymbol{k}_1 & 0 \\ 0 & \boldsymbol{k}_2 \end{bmatrix} \boldsymbol{T}_\mathrm{s} \boldsymbol{B} \boldsymbol{T}_\mathrm{s}^{-1} \boldsymbol{T}_\mathrm{p} \right\} \begin{bmatrix} \boldsymbol{F}_{\mathrm{pc1}} \\ \boldsymbol{F}_{\mathrm{pc2}} \end{bmatrix} = \\ - \begin{bmatrix} \boldsymbol{k}_1 & 0 \\ 0 & \boldsymbol{k}_2 \end{bmatrix} \boldsymbol{T}_\mathrm{p} \boldsymbol{A}_\mathrm{e} f_{\mathrm{pe}} \tag{6-8}$$

求解式(6-8)可以得到矩形板受到的耦合力$[\boldsymbol{F}_{\mathrm{pc}i}]$($i=1,2$),将其代入式(6-3)得到圆柱壳耦合力$[\boldsymbol{F}_{\mathrm{pc}i}]$($i=1,2$)。将矩形板和圆柱壳受到的耦合力分别代入各自的振动方程,即可得到结构的振动响应。

6.1.3 各子结构的等效机械导纳

采用等效机械导纳法计算板壳耦合结构的振动响应时,需要已知加筋矩形板和圆柱壳等效机械导纳的显式表达式。由于周期理论模型无法给出加筋结构等效机械导纳的显式表达式且计算量大,因此这里将加筋矩形板和加筋圆柱壳分别等效为各向异性板和各向异性圆柱壳,进而推导其对应的等效机械导纳表达式。

对于这里所讨论的加筋板壳耦合结构,可以假设板壳间的耦合力沿连接线正弦分布。加筋矩形板受到的耦合力如图6-3(a)所示,包括沿连接线方向的切向耦合力N_p,垂直于连接线方向的横向耦合力Q_p,以及绕连接线方向的耦合弯矩M_p,故$\boldsymbol{f}_{\mathrm{cp}i}=[N_{\mathrm{p}i} \quad Q_{\mathrm{p}i} \quad M_{\mathrm{p}i}]^\mathrm{T}$($i=1,2$)。加筋圆柱壳在衔接线处受到的耦合力如图6-3(b)所示,其受到的耦合力包括切向力N_s、径向力Q_s和耦合弯矩M_s,故$\boldsymbol{f}_{\mathrm{cs}i}=[N_{\mathrm{s}i} \quad Q_{\mathrm{s}i} \quad M_{\mathrm{s}i}]^\mathrm{T}$($i=1,2$)。

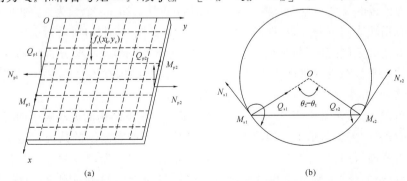

图6-3 加筋矩形板与加筋圆柱壳受力示意图
(a)加筋矩形板;(b)加筋圆柱壳

根据第 3 章中加筋矩形板等效机械导纳的特性研究,分别推导加筋矩形板在切向耦合力 N_s、横向耦合力 Q_p、耦合弯矩 M_p,以及外力 f_e 作用下相关响应对应的等效机械导纳,可以得到加筋矩形板振动方程式(6-1)中系数矩阵 $\boldsymbol{A}$ 的相关项表达式,以及系数矩阵 $\boldsymbol{A}_e^2$ 的相关项表达式如附录 B 所示。

根据第 4 章中加筋圆柱壳等效机械导纳的特性研究,分别推导加筋圆柱壳在切向耦合力 N_p、横向耦合力 Q_s、耦合弯矩 M_s 作用下相关响应对应的等效机械导纳,可以得到加筋圆柱壳振动方程式(6-2)中系数矩阵 $\boldsymbol{B}$ 的相关项表达式,具体见附录 B。

6.1.4　多源激励分布特性对耦合结构振动特性的影响

假设铺板受到总幅值为 1 N 的多个简谐点力激励,所有激励点的幅值相同。通常,振源设备的安装点在铺板上沿直线分布,如图 6-4 所示。

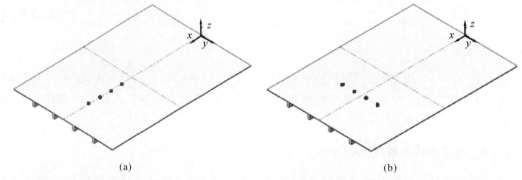

图 6-4　激励点所在线与衔接线
(a)平行;(b)垂直

本节将分析激励点沿直线分布时,板壳耦合结构的振动响应。在本节的仿真计算中,壳体长度为 3.5 m,半径为 1.25 m,厚度为 0.012 m;壳上筋:宽为 0.005 m,高为 0.4 m,筋数为 4,间距为 0.7 m;铺板的尺寸为 3.5 m×2.5 m×0.012 m;铺板上加强筋的尺寸为 3.5 m×0.05 m× 0.1 m,筋沿板的长度方向分布,数目为 4,筋间距为 0.5 m。模型中各结构的材质均为钢。

(1)多点激励方向的影响

多点激励沿直线的分布情况如图 6-4 所示,假设所有激励点以 $(L/4, b/2)$ 为中心,其中 L 和 b 分别为铺板的长度和宽度。板上激励点的间距为 0.33 m,个数为 4。此时激励点可以沿平行于板壳衔接线的方向分布(即沿 x 轴方向分布,如图 6-4(a)所示),也可以沿垂直于板壳衔接线的方向分布(即沿 y 轴方向分布,如图 6-4(b)所示)。本节分析激励点所在直线分别与板壳衔接线平行和垂直时耦合结构的振动响应,并与结构在 $(L/4, b/2)$ 处受到单点激励的情况进行比较,得到图 6-5 和图 6-6 所示曲线。

对比分析图 6-5 和图 6-6 所示单点激励与多点激励下结构的振动响应曲线,可以发现:除了个别频率点外,多点激励下结构的平均振动响应小于单点激励的情况。这是由于多点激励改变了结构弯曲振动模态的参与系数,且不同激励源激起的振动波间存在互耦合作用。进一步对比分析激励点沿 x 轴分布和沿 y 轴分布时铺板与壳体的振动响应,结果表明:当激励点沿 y 轴分布时,铺板的振动响应略小于激励点沿 x 轴分布的情况,而壳体的振动响应远小于激励点沿 x 轴分布的情况。这是由于,对于尺寸和边界条件都确定的结构,其固有频率和振型是确定的。不同的激励方式会导致一些模态的参与系数变大而另一些模态的参与系数减小,即有些模态加强而另一些模态却减弱,从而使所有模态叠加形成的结构振动响应发生变化。激励点沿 y 轴方向分布时铺板在衔接线上的振动响应会小于激励点沿 x 轴分布的情况,因而导致从铺板传递到壳体的振动响应降低。

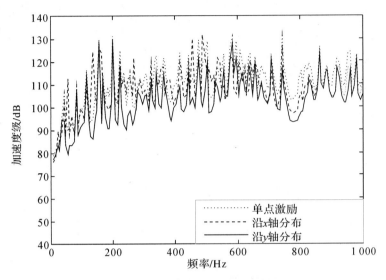

图 6-5　铺板振动响应的比较

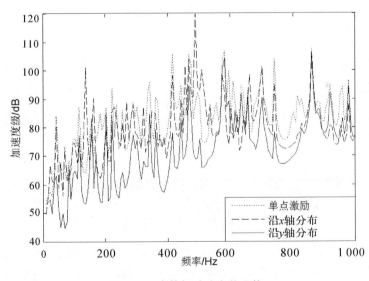

图 6-6　壳体振动响应的比较

(2)多点激励位置的影响

在工程施工中,除了需要考虑安装点的分布方向外,还需要考虑安装点的位置。本节分析激励点沿垂直于板壳衔接线方向分布的条件下,激励点所在线的位置对耦合结构振动响应的影响。保持激励力的总幅值为 1 N 和激励点的个数为 4 个,分别取激励点所在线位于 $L/8$, $L/4$ 和 $L/2$,计算板壳耦合结构的平均振动响应,得到图 6-7 和图 6-8 所示曲线。

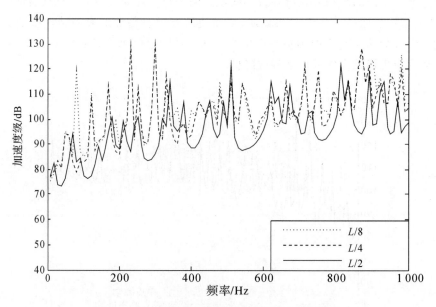

图 6-7 多点激励的位置对铺板振动响应的影响

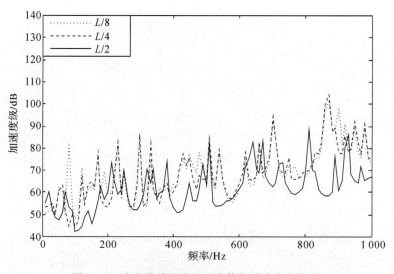

图 6-8 多点激励的位置对壳体振动响应的影响

对比分析图 6-7 和图 6-8 中所示激励点沿不同形式分布情况下板壳的平均振动响应，可以发现：随着激励点所在直线接近于铺板的中心线，铺板和壳体的振动响应都降低；当激励点位于铺板的中心线上时，铺板和壳体的振动响应显著降低。这是由于当激励点位于中心线上时，振动波形的抵消区域增多，因而导致结构的平均振动响应下降。

6.1.5 连接刚度对加筋板壳耦合结构振动传递特性的影响

耦合结构内振动能量的传递受子结构间连接边界特性（如刚度、阻尼等）的影响。在本节计算分析中，铺板与壳体的参数与 6.1.4 节相同。单位简谐力激励于铺板中心位置。书中采用振动加速度级来表征结构的振动特性,取参考加速度级为 10^{-6} m/s²。为了便于分析连接刚度对结构振动特性的影响,定义归一化的刚度参数来描述连接刚度,其表达式为

$$\left.\begin{array}{l}\bar{k}_y = k_y R^3/D_p \\ \bar{k}_z = k_z R^3/D_p \\ \bar{k}_{yz} = k_{yz} R/D_p\end{array}\right\} \quad (6-9)$$

其中,D_p 为等效各向异性板沿宽度方向的弯曲刚度。

为了便于分析,在仿真中采用归一化的刚度参数 $\bar{k}$ ($\bar{k}_y$,$\bar{k}_z$,$\bar{k}_{yz}$),且不同方向的刚度参数变化方式相同。令连接件的刚度为 $\eta_c = 0.001$,当归一化的刚度参数 $\bar{k}$ 从 10^{-4} 增大到 10^6 时,铺板和壳体在不同频率点对应的振动加速度级曲线如图 6-9 和图 6-10 所示。

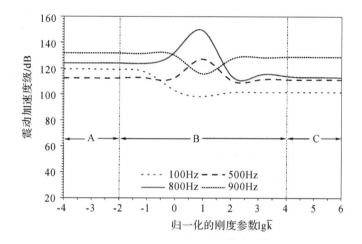

图 6-9 刚度参数对加筋铺板平均振动加速度级的影响

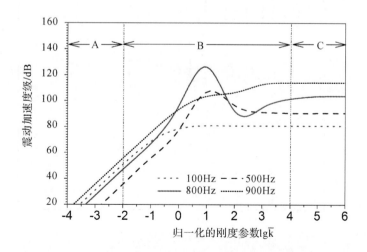

图 6-10 刚度参数对加筋圆柱壳平均振动加速度级的影响

对比分析图 6-9 和图 6-10 中所示曲线发现:随着归一化刚度参数 $\bar{k}$ 的增大,矩形板和

圆柱壳的振动加速度级曲线均经历了三个阶段,分别将其标记为阶段 A、阶段 B 和阶段 C。阶段 A 中归一化刚度参数的变化范围为 $10^{-4} \leqslant \bar{k} \leqslant 10^{-2}$。在这一阶段,矩形板的振动加速度级在某一较高水平位置保持不变,而壳体的振动加速度级远小于矩形板的振动加速度级并急剧增大。因此,阶段 A 可以称为弱耦合阶段。随着归一化刚度参数的进一步增大,板壳的振动加速度级进入阶段 B,此阶段 $10^{-2} \leqslant \bar{k} \leqslant 10^{4}$。在阶段 B 中,随着归一化刚度参数的增大,矩形板和圆柱壳的振动加速度级曲线都将经历一个转折点,然后保持在某一稳定值附近。这表明,此时矩形板与壳体间已经处于强耦合状态。在此之后,矩形板和壳体的振动加速度级曲线随刚度的变化进入阶段 C。在阶段 C 中,虽然归一化的刚度参数 $\bar{k}$ 继续增大,但矩形板和圆柱壳的振动加速度级均保持不变。因此,阶段 C 可以称为强耦合阶段,在此阶段矩形板与圆柱壳间可以近似看作刚性连接。

比较图 6-9 和图 6-10 中矩形板和圆柱壳不同频率的振动加速度级在阶段 B 中随归一化刚度参数 $\bar{k}$ 的变化曲线发现:此阶段,不同频率对应的振动加速度级曲线变化各异。一些频率对应的曲线出现波谷,一些频率对应的曲线出现波峰,还有一些频率对应的曲线变化平稳。这是由于连接刚度的改变影响了铺板与壳体间连接件的阻抗特性所导致的。在某些频率,随着连接刚度的增大,连接件的阻抗会导致矩形板与壳体间阻抗失配,矩形板的振动加速度级曲线出现波谷。然而,在另一些频率,连接刚度的变化会促进矩形板与圆柱壳之间出现阻抗匹配现象,这样矩形板与壳体的振动加速度级曲线都会出现波峰。

前文分析表明,加筋板壳耦合结构的振动加速度级曲线会经历三个阶段,下面分别取 $\bar{k}$ 为 10^{-2},10^{0} 和 10^{6},即令加筋铺板与加筋圆柱壳间的耦合分别处于弱连接、弹性连接和刚性连接,从而分析不同耦合强度下,耦合结构的振动加速度级随频率的变化曲线,得到如图 6-11 和图 6-12 所示曲线。

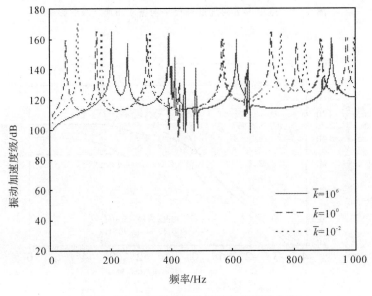

图 6-11 加筋板的平均振动加速度级曲线

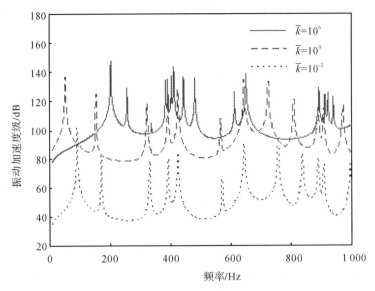

图 6-12 加筋圆柱壳的平均振动加速度级曲线

由图 6-11 和图 6-12 可以看出：随着连接刚度的增大，铺板的平均振动加速度级略微降低，而加筋圆柱壳的平均振动加速度级却急剧增大。这表明，随着连接刚度的增大，从加筋矩形板传递到加筋圆柱壳的振动能量增多。这是由于当 $\bar{k}=10^{-2}$ 时，即在弱耦合阶段，矩形板与壳体间的耦合太弱，以至于加筋矩形板此时接近于自由边界条件，板的振动几乎不受壳体的影响。此时耦合系统中铺板的振动特性可以用自由板近似描述。随着 $\bar{k}$ 的增大，壳体对耦合系统阻抗特性的影响越来越大，系统的阻抗会不断增大，直到矩形板与壳体间为刚性连接，即进入阶段 C。

此外，图 6-11 和图 6-12 还表明：随着 $\bar{k}$ 的增大，矩形板和圆柱壳平均振动加速度级曲线中的峰值发生偏移，且增多。这是由于在弱耦合阶段，耦合系统的固有频率主要由矩形板决定；而随着连接刚度的增大，耦合系统固有频率受壳体振动模态的影响增多。因此，新出现的小的共振峰主要是受壳体的影响而出现的。

6.2 水下两端封闭加筋板壳耦合结构导纳功率流

本章分析中假设壳体两端均有同轴无限延伸的刚性圆柱障板；流体为理想流体，不计黏性，即认为流体只对壳体产生径向作用力，流体的密度为 ρ_0，声速为 c_0；分析过程中将忽略耦合结构内部流体的影响。

6.2.1 耦合振动方程

本章所要分析的板壳耦合结构如图 6-13 所示，由 4 个子结构构成，即一段加筋圆柱壳、一块矩形加筋铺板和两块隔板，其中圆柱壳沿轴向在隔板外侧各延伸一根肋骨的间距。铺板与壳体内壁连接，隔板与壳体沿周向连接，铺板与隔板间不连接。该板壳耦合振动系统中的衔接线包括铺板与壳体的衔接线 $l_{spi}(i=1,2)$，壳体与两隔板的衔接线 $l_{sbi}(i=1,2)$。假设加筋圆柱壳两端简支，且模型两端存在无限长圆柱形刚性障板。下面将推导结构的耦合振动方程和各子结构的等效机械导纳矩阵,进而求解系统的振动响应和辐射声功率。

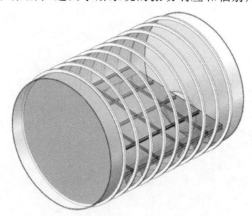

图 6-13 铺板与圆柱壳侧壁连接耦合振动模型示意图

根据等效机械导纳定义,铺板在与壳体衔接处的振动速度响应可以表示为

$$\begin{bmatrix} u_{cp1} \\ u_{cp2} \end{bmatrix} = A \begin{bmatrix} f_{cp1} \\ f_{cp2} \end{bmatrix} + A_e f_{pe} \tag{6-10}$$

其中,上标 T 表示向量转置;下标 e 表示外界激励;下标 p 表示铺板;矩阵 A 和 A_e 均为 6×6 阶矩阵,分别表示铺板所受耦合力 $[f_{cp1} \quad f_{cp2}]^T$ 和外力 f_{pe}^T 对应的导纳矩阵。

壳体同时与铺板和隔板衔接,其在与铺板、隔板衔接处的振动响应可以用等效机械导纳分别表示为

$$\begin{bmatrix} u_{sp1} \\ u_{sp2} \end{bmatrix} = B_{sp} \begin{bmatrix} f_{sp1} \\ f_{sp2} \end{bmatrix} + B_{sb} \begin{bmatrix} f_{sb1} \\ f_{sb2} \end{bmatrix} \tag{6-11}$$

$$\begin{bmatrix} u_{sb1} \\ u_{sb2} \end{bmatrix} = C_{sp} \begin{bmatrix} f_{sp1} \\ f_{sp2} \end{bmatrix} + C_{sb} \begin{bmatrix} f_{sb1} \\ f_{sb2} \end{bmatrix} \tag{6-12}$$

其中,矩阵 B_{sp},B_{sb},C_{sp} 和 C_{sb} 均为 6×6 阶矩阵;矩阵 B_{sp} 为壳体在与铺板衔接线处受到的耦合力 $[f_{sp1} \quad f_{sp2}]^T$ 激励在其与铺板衔接处振动响应的导纳矩阵;矩阵 B_{sb} 为壳体在与隔板衔接处所受耦合力 $[f_{sb1} \quad f_{sb2}]^T$ 激励在其与铺板衔接处振动响应的导纳矩阵;矩阵 C_{sp} 为壳体在与铺板衔接线处受到的耦合力 $[f_{sp1} \quad f_{sp2}]^T$ 激励在其与隔板衔接处振动响应的导纳矩阵;矩阵 C_{sb} 为壳体在与隔板衔接处所受耦合力 $[f_{sb1} \quad f_{sb2}]^T$ 激励在其与隔板衔接处振动响应的导纳矩阵。

同理,隔板圆板在与壳体衔接处的振动响应为

$$\begin{bmatrix} u_{cb1} \\ u_{cb2} \end{bmatrix} = D \begin{bmatrix} f_{cb1} \\ f_{cb2} \end{bmatrix} \tag{6-13}$$

其中,下标 b 表示隔板;矩阵 $D = [D_{b1} \quad 0; 0 \quad D_{b2}]$,$D_i(i=1,2)$ 为 3×3 阶的矩阵,表示隔板圆板上耦合力 f_{cbi}^T 对应的等效机械导纳矩阵。

根据衔接线处力和速度连续的边界条件,得到

$$[f_{cp1} \quad f_{cp2}]^T = -T_s [f_{sp1} \quad f_{sp2}]^T \tag{6-14}$$

$$[u_{cp1} \quad u_{cp2}]^T = T_s [u_{sp1} \quad u_{sp2}]^T \tag{6-15}$$

$$[f_{sb1} \quad f_{sb2}]^T = -T_b [f_{cb1} \quad f_{cb2}]^T \tag{6-16}$$

$$[\boldsymbol{u}_{\mathrm{sb1}} \quad \boldsymbol{u}_{\mathrm{sb2}}]^{\mathrm{T}} = \boldsymbol{T}_{\mathrm{b}} [\boldsymbol{u}_{\mathrm{cb1}} \quad \boldsymbol{u}_{\mathrm{cb2}}]^{\mathrm{T}} \tag{6-17}$$

其中，$\boldsymbol{T}_{\mathrm{s}}$ 表示将壳体在耦合边界处的局部坐标变换到铺板坐标系的坐标变换矩阵；$\boldsymbol{T}_{\mathrm{b}}$ 为将隔板的坐标系变换到壳体坐标系的坐标变化矩阵。

将式(6-10)~式(6-13)代入式(6-14)~式(6-17)，得到耦合振动方程为

$$\{\boldsymbol{A}\,\boldsymbol{T}_{\mathrm{s}} + \boldsymbol{T}_{\mathrm{s}}\,\boldsymbol{B}_{\mathrm{sp}}\,\boldsymbol{T}_{\mathrm{s}}\,\boldsymbol{B}_{\mathrm{sb}}\,(\boldsymbol{C}_{\mathrm{sb}} + \boldsymbol{T}_{\mathrm{b}}\boldsymbol{D}\,\boldsymbol{T}_{\mathrm{b}}^{-1})^{-1}\,\boldsymbol{C}_{\mathrm{sp}}\} \begin{bmatrix} \boldsymbol{f}_{\mathrm{sp1}} \\ \boldsymbol{f}_{\mathrm{sp2}} \end{bmatrix} = \boldsymbol{A}_{\mathrm{e}} \boldsymbol{f}_{\mathrm{pe}} \tag{6-18}$$

$$\begin{bmatrix} \boldsymbol{f}_{\mathrm{sb1}} \\ \boldsymbol{f}_{\mathrm{sb2}} \end{bmatrix} = -(\boldsymbol{C}_{\mathrm{sb}} + \boldsymbol{T}_{\mathrm{b}}\boldsymbol{D}\,\boldsymbol{T}_{\mathrm{b}}^{-1})^{-1}\,\boldsymbol{C}_{\mathrm{sp}} \begin{bmatrix} \boldsymbol{f}_{\mathrm{sp1}} \\ \boldsymbol{f}_{\mathrm{sp2}} \end{bmatrix} \tag{6-19}$$

求解式(6-18)可以得到加筋圆柱壳在与矩形板连接处受到的耦合力，进而根据式(6-14)、式(6-16)式(6-19)，可以分别得到加筋圆柱壳在与隔板衔接处受到的耦合力，以及铺板和隔板圆板受到的耦合力。

对于本章分析的板壳耦合振动结构，考虑铺板受到垂直激励力 f_{pe} 作用。对于加筋矩形薄板，面内振动与面外振动分离，故可以认为输入系统的振动能量全部为弯曲振动能量，表达式为

$$Q_{\mathrm{total}} = \frac{1}{2}\mathrm{Re}\,(f_{\mathrm{pe}} w_{\mathrm{e}}^{*}) \tag{6-20}$$

其中，w_{e}^{*} 为铺板在外界激励力 f_{pe} 作用处振动速度响应的共轭，可在求得铺板与隔板间的耦合力后获得。

考虑各子结构间为刚性连接，即结构在连接部位无能量损耗，则由功率流定义可知，经过铺板与壳体的衔接线，由铺板输出到壳体的总振动功率流 $Q_{\mathrm{out}}^{\mathrm{p}}$ 为

$$Q_{\mathrm{out}}^{\mathrm{p}} = \frac{1}{2}\mathrm{Re}\,\{\boldsymbol{f}_{\mathrm{cp1}}\,\boldsymbol{u}_{\mathrm{cp1}}^{*} + \boldsymbol{f}_{\mathrm{cp2}}\,\boldsymbol{u}_{\mathrm{sp2}}^{*}\} \tag{6-21}$$

类似地，输入到壳体的弯曲振动功率流 $Q_{\mathrm{in}}^{\mathrm{s}}$ 为

$$Q_{\mathrm{in}}^{\mathrm{s}} = \frac{1}{2}\mathrm{Re}\,[\boldsymbol{f}_{\mathrm{sp1}}(2)\,\boldsymbol{u}_{\mathrm{sp1}}^{*}(2) + \boldsymbol{f}_{\mathrm{sp1}}(3)\,\boldsymbol{u}_{\mathrm{sp1}}^{*}(3) + \boldsymbol{f}_{\mathrm{sp2}}^{*}(2)\,\boldsymbol{u}_{\mathrm{sp2}}^{*}(2) + \boldsymbol{f}_{\mathrm{sp2}}^{*}(3)\,\boldsymbol{u}_{\mathrm{sp2}}^{*}(3)] \tag{6-22}$$

同理，经过壳体与隔板的衔接线，由壳体输出到隔板的弯曲振动功率流为

$$Q_{\mathrm{out}}^{\mathrm{s}} = \frac{1}{2}\mathrm{Re}\,[\boldsymbol{f}_{\mathrm{sb1}}(2)\,\boldsymbol{u}_{\mathrm{sb1}}^{*}(2) + \boldsymbol{f}_{\mathrm{sb1}}(3)\,\boldsymbol{u}_{\mathrm{sb1}}^{*}(3) + \boldsymbol{f}_{\mathrm{sb2}}^{*}(2)\,\boldsymbol{u}_{\mathrm{sb2}}^{*}(2) + \boldsymbol{f}_{\mathrm{sb2}}^{*}(3)\,\boldsymbol{u}_{\mathrm{sb2}}^{*}(3)] \tag{6-23}$$

实际工程中，研究者主要关注铺板和壳体的振动响应。根据统计功率流思想，结构平均振动响应与输入结构的净功率流间存在联系，由此得到铺板和壳体的平均振动速度响应分别为

$$\langle \bar{w}_{\mathrm{p}} \rangle^{2} = \frac{Q_{\mathrm{total}} - Q_{\mathrm{out}}^{\mathrm{p}}}{\omega \eta_{\mathrm{p}} M_{\mathrm{p}}} \tag{6-24}$$

$$\langle \bar{w}_{\mathrm{s}} \rangle^{2} = \frac{Q_{\mathrm{in}}^{\mathrm{s}} - Q_{\mathrm{out}}^{\mathrm{s}}}{\omega \eta_{\mathrm{s}} M_{\mathrm{s}}} \tag{6-25}$$

其中，$\langle \bar{w}_{\mathrm{p}} \rangle$，$\eta_{\mathrm{p}}$ 和 M_{p} 分别为加筋铺板时空平均振速、损耗因子和质量；$\langle \bar{w}_{\mathrm{s}} \rangle$，$\eta_{\mathrm{s}}$ 和 M_{s} 分别为加筋圆柱壳的损耗因子和质量。

结构的振动和声辐射之间有密切的关系，振动能量转变为声能的多少是由结构与介质之间的相互作用所决定的，也就是由物体的形状、大小、边界条件及介质特性所决定的。结构辐

射声能的能力可用结构的辐射声功率来衡量。这里分析流体负载下两端封闭板壳耦合振动结构中壳体的辐射声功率 W_{rad}^s，其表达式为

$$W_{rad}(\omega) = \rho_0 c_0 \sigma_{rad}(\omega) S \langle \overline{w_s} \rangle^2 \quad (6-26)$$

其中，S 为壳体的表面积；σ_{rad} 为流体负载下加筋圆柱壳体的平均声辐射效率，它是结构各模态辐射效率的加权平均，即

$$\sigma_{rad}(\omega) = \frac{\sum_{m=0}^{+\infty}\sum_{n=1}^{+\infty} \dfrac{\sigma_{mn}}{|Z_{mn}^M + Z_{mnn}|^2}}{\sum_{m=0}^{+\infty}\sum_{n=1}^{+\infty} \dfrac{1}{|Z_{mn}^M + Z_{mnn}|^2}} \quad (6-27)$$

其中，Z_{mn}^M 为真空中加筋圆柱壳的机械阻抗，具体表达式见式(4-38)；Z_{mnn} 为流体负载的自辐射阻抗，具体表达式见式(4-41)；σ_{mn} 为模态辐射效率，可以用声阻抗表示为

$$\sigma_{mn} = \frac{\mathrm{Re}(Z_{mnn})}{\rho_0 c_0} \quad (6-28)$$

将式(6-27)和式(6-28)代入式(6-26)并化简，得到水下耦合振动结构的辐射声功率为

$$W_{rad} = S \langle \overline{w_s} \rangle^2 \frac{\sum_{m=0}^{+\infty}\sum_{n=1}^{+\infty} \dfrac{\mathrm{Re}(Z_{mnn})}{|Z_{mn}^M + Z_{mnn}|^2}}{\sum_{m=0}^{+\infty}\sum_{n=1}^{+\infty} \dfrac{1}{|Z_{mn}^M + Z_{mnn}|^2}} \quad (6-29)$$

6.2.2 子结构的等效机械导纳

本章所研究的两端封闭加筋板壳耦合结构主要由两个端板、加筋矩形板和流体负载下的加筋圆柱壳构成，下面将分别推导各子结构对应的等效机械导纳表达式。由于加筋矩形板的受力情况与6.1节相似，其等效机械导纳推导过程也相似，故这里不详细展开。加筋矩形板振动方程式(6-10)中系数矩阵 $\boldsymbol{A}$ 和 $\boldsymbol{A}_e$ 中各项的表达式参见附录B。

(1) 流体负载下加筋圆柱壳的等效机械导纳表达式

加筋圆柱壳分别与铺板、隔板各存在两条衔接线，如图6-14所示。在这些衔接线处，圆柱壳均受到位于衔接线垂直面内的两个正交力和绕衔接线的耦合弯矩。下面将分别推导流体负载下，加筋圆柱壳在各耦合力/弯矩激励下的等效机械导纳表达式。

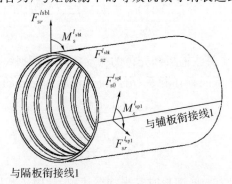

图6-14 加筋圆柱壳衔接线示意图

在与铺板衔接线 $l_{spi}(i=1,2)$ 处，圆柱壳受到的激励为沿其轴向分布的耦合力 $\boldsymbol{F}_{spi} = [F_{s\theta}^{l_{spi}} \ F_{sr}^{l_{spi}} \ M_s^{l_{spi}}]^T (i=1,2)$，即耦合力包括切向力 $F_{s\theta}^{l_{spi}}$、径向力 $F_{sr}^{l_{spi}}$ 和绕衔接线的耦合

弯矩 $M_\mathrm{s}^{l_\mathrm{spi}}$。这里壳体和铺板的连接方式与 6.1 节中的板壳耦合模型相同,因而对应的等效机械导纳表达式也相同,故壳体振动方程式(6-11)中系数矩阵 $\boldsymbol{B}_\mathrm{sp}$ 的各元素表达式可以参见附录 B 中所列。

在与隔板衔接线 $l_\mathrm{sbi}(i=1,2)$ 处,圆柱壳受到的激励为沿其周向分布的耦合力 $\boldsymbol{F}_\mathrm{sbi} = [F_\mathrm{sr}^{l_\mathrm{sbi}} \quad F_\mathrm{sz}^{l_\mathrm{sbi}} \quad M_\mathrm{s}^{l_\mathrm{sbi}}]^\mathrm{T}(i=1,2)$,即耦合力包括拉伸力 $F_\mathrm{sz}^{l_\mathrm{sbi}}$、径向力 $F_\mathrm{sr}^{l_\mathrm{sbi}}$ 和耦合弯矩 $M_\mathrm{s}^{l_\mathrm{sbi}}$。这里需要推导沿圆柱壳周向分布耦合力 $\boldsymbol{F}_\mathrm{sbi} = [F_\mathrm{sr}^{l_\mathrm{sbi}} \quad F_\mathrm{sz}^{l_\mathrm{sbi}} \quad M_\mathrm{s}^{l_\mathrm{sbi}}]^\mathrm{T}(i=1,2)$ 激励引起壳体在与隔板衔接线 $l_\mathrm{sbi}(i=1,2)$ 处振动响应对应的等效机械导纳表达式,即壳体振动方程式(6-12)中系数矩阵 $\boldsymbol{C}_\mathrm{sb}$ 的各元素表达式。第 4 章中已获取了加筋圆柱壳在沿周向分布的轴向力、径向力和力矩激励下的等效机械导纳表达式,结合流体负载对结构导纳的影响,可以得到系数矩阵 $\boldsymbol{C}_\mathrm{sb}$ 中各项的表达式,具体见附录 B。

下面推导壳体受到衔接线 $l_\mathrm{spi}(i=1,2)$ 上耦合力激励引起 $l_\mathrm{sbi}(i=1,2)$ 上振动响应的等效传递机械导纳表达式,壳体振动方程式(6-12)中系数矩阵 $\boldsymbol{C}_\mathrm{sp}$ 的各元素。这里忽略切向力 $F_\mathrm{s\theta}^{l_\mathrm{spi}}$ 激励引起壳体的弯曲速度和角速度响应,即 $c_\mathrm{sp12}=c_\mathrm{sp13}=c_\mathrm{sp15}=c_\mathrm{sp16}=0$,且 $c_\mathrm{sp42}=c_\mathrm{sp43}=c_\mathrm{sp45}=c_\mathrm{sp46}=0$。圆柱壳受切向点力激励引起其轴向振动响应的传递点导纳为

$$Y_{uF_\theta}(x,\theta|x_0,\theta_0) = \frac{2\mathrm{j}\omega}{\pi R \rho_\mathrm{sw} h_\mathrm{s} L} \sum_{m=0}^{\infty}\sum_{n=1}^{\infty} \frac{\sin(k_n x_0)\cos(k_n x)\sin m(\theta-\theta_0)}{\varepsilon_m[\bar{\omega}_{\mathrm{sw},mn}^2(1+\mathrm{j}\eta_{smn})-\omega^2]} \quad (6-30)$$

将式(6-30)代入等效传递线导纳的定义,得到衔接线 $l_\mathrm{spi}(i=1,2)$ 上正弦分布切向耦合力 $F_\mathrm{s\theta}^{l_\mathrm{spi}}$ 激励引起衔接线 $l_\mathrm{sbi}(i=1,2)$ 上轴向振动响应的等效机械导纳为

$$Y_{uF_\theta}(l_\mathrm{sbi}|l_\mathrm{spi}) = \frac{1}{2\pi R_\mathrm{s} L_\mathrm{s}} \int_0^{2\pi} R\cos(m'\theta)\delta(x-x_\mathrm{sbi})\left[\int_0^{L_\mathrm{s}} Y_{uF_\theta}(x,\theta|x_0,\theta_\mathrm{spi})\sin(k_p x_0)\mathrm{d}x_0\right]\mathrm{d}\theta$$

$$= \frac{\mathrm{j}\omega}{\rho_\mathrm{sw} h_\mathrm{s}} \frac{\cos(k_p x_\mathrm{sbi})\sin(m\theta_\mathrm{spi})}{\varepsilon_m[\bar{\omega}_{\mathrm{sw},mp}^2(1+\mathrm{j}\eta_{smp})-\omega^2]}$$

(6-31)

由此可得

$$c_\mathrm{sp11} = \frac{\mathrm{j}\omega}{\rho_\mathrm{sw} h_\mathrm{s}} \frac{\cos(k_p x_\mathrm{sb1})\sin(m\theta_\mathrm{sp1})}{\varepsilon_m[\bar{\omega}_{\mathrm{sw},mp}^2(1+\mathrm{j}\eta_{smp})-\omega^2]} \quad (6-32)$$

$$c_\mathrm{sp14} = \frac{\mathrm{j}\omega}{\rho_\mathrm{sw} h_\mathrm{s}} \frac{\cos(k_p x_\mathrm{sb1})\sin(m\theta_\mathrm{sp2})}{\varepsilon_m[\bar{\omega}_{\mathrm{sw},mp}^2(1+\mathrm{j}\eta_{smp})-\omega^2]} \quad (6-33)$$

$$c_\mathrm{sp41} = \frac{\mathrm{j}\omega}{\rho_\mathrm{sw} h_\mathrm{s}} \frac{\cos(k_p x_\mathrm{sb2})\sin(m\theta_\mathrm{sp1})}{\varepsilon_m[\bar{\omega}_{\mathrm{sw},mp}^2(1+\mathrm{j}\eta_{smp})-\omega^2]} \quad (6-34)$$

$$c_\mathrm{sp44} = \frac{\mathrm{j}\omega}{\rho_\mathrm{sw} h_\mathrm{s}} \frac{\cos(k_p x_\mathrm{sb2})\sin(m\theta_\mathrm{sp2})}{\varepsilon_m[\bar{\omega}_{\mathrm{sw},mp}^2(1+\mathrm{j}\eta_{smp})-\omega^2]} \quad (6-35)$$

其中,$x_\mathrm{sbi}(i=1,2)$ 和 $\theta_\mathrm{spi}(i=1,2)$ 分别为衔接线 $l_\mathrm{sbi}(i=1,2)$ 在壳体轴向的坐标位置和衔接线 $l_\mathrm{spi}(i=1,2)$ 在壳体周向的位置。

圆柱壳受到径向点力 $F_r\delta(x-x_0)\delta(\theta-\theta_0)$ 激励引起点 (x,θ) 处弯曲速度和角速度响应的传递点导纳分别为

$$Y_{vF}(x,\theta|x_0,\theta_0) = \frac{2\mathrm{j}\omega}{\pi R_\mathrm{s} \rho_\mathrm{sw} h_\mathrm{s} L_\mathrm{s}} \sum_{m=0}^{\infty}\sum_{n=1}^{\infty} \frac{\sin(k_n x_0)\sin(k_n x)\cos m(\theta-\theta_0)}{\varepsilon_m[\bar{\omega}_{\mathrm{sw},mn}^2(1+\mathrm{j}\eta_{smn})-\omega^2]} \quad (6-36)$$

$$Y_{\varphi F}(x,\theta|x_0,\theta_0) = \frac{2\mathrm{j}\omega}{\pi R_\mathrm{s} \rho_\mathrm{sw} h_\mathrm{s} L_\mathrm{s}} \sum_{m=0}^{\infty}\sum_{n=1}^{\infty} \frac{k_n \sin(k_n x_0)\cos(k_n x)\cos m(\theta-\theta_0)}{\varepsilon_m[\bar{\omega}_{\mathrm{sw},mn}^2(1+\mathrm{j}\eta_{smn})-\omega^2]} \quad (6-37)$$

分别将式(6-36)和式(6-37)代入等效机械导纳的定义,可以得到系数矩阵 C_{sp} 中 c_{sp22},c_{sp25},c_{sp52},c_{sp55},c_{sp32},c_{sp35},c_{sp62} 与 c_{sp65} 的表达式。

圆柱壳受到绕其轴向点弯矩 $M\delta(x-x_0)\delta(\theta-\theta_0)$ 激励引起点 (x,θ) 处弯曲速度和角速度响应的点导纳分别为

$$Y_{vM}(x,\theta|x_0,\theta_0) = -\frac{2j\omega}{\pi R\rho_{sw}h_sL_s}\sum_{m=0}^{\infty}\sum_{n=1}^{\infty}\frac{m\sin(k_n x_0)\sin(k_n x)\sin m(\theta-\theta_0)}{\varepsilon_m[\bar{\omega}_{sw,mn}^2(1+j\eta_{smn})-\omega^2]} \quad (6-38)$$

$$Y_{\varphi M}(x,\theta|x_0,\theta_0) = \frac{2j\omega}{\pi R\rho_{sw}h_sL_s}\sum_{m=0}^{\infty}\sum_{n=1}^{\infty}\frac{mk_n\sin(k_n x_0)\cos(k_n x)\sin m(\theta-\theta_0)}{\varepsilon_m[\bar{\omega}_{sw,mn}^2(1+j\eta_{smn})-\omega^2]} \quad (6-39)$$

分别将式(6-38)和式(6-39)代入等效机械导纳的定义,可以得到系数矩阵 C_{sp} 中 c_{sp33},c_{sp36},c_{sp63},c_{sp66},c_{sp23},c_{sp26},c_{sp53} 与 c_{sp56} 的表达式。

与隔板的衔接线 $l_{sbi}(i=1,2)$ 上耦合力 F_{sbi} 激励会引起壳体在衔接线 $l_{spi}(i=1,2)$ 上的振动响应,对应的等效机械导纳表达式即为壳体振动方程式(6-11)中系数矩阵 B_{sb} 的各元素。由互易性原理可知,导纳系数矩阵 $B_{sb} = C_{sp}^T$。

(2)隔板的等效机械导纳表达式

圆板在与壳体衔接线 $l_{sbi}(i=1,2)$ 处受到的耦合力 $f_{cbi}^T = [F_{cbri} \quad F_{cbzi} \quad M_{cbi}]^T(i=1,2)$ 如图6-15所示,包括径向耦合力 F_{cbr}、垂直于其表面的耦合力 F_{cbz} 和耦合弯矩 M_{cb},所有耦合力均沿隔板的衔接线分布。

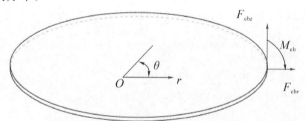

图6-15 隔板受耦合力示意图

圆板受到径向耦合力 F_{cbr} 作用时,会发生面内振动。由于圆板的面内振动固有频率远大于其面外振动,因而可以近似认为圆板在径向力激励下作刚性振动,即相当于质量块。由此得到圆板振动方程式(6-13)中系数矩阵 D_i 的对应元素表达式为

$$D_{11} = \begin{cases} \dfrac{j}{\omega\rho_b h_b R_b}, & p=0 \\ 0, & p\neq 0 \end{cases} \quad (6-40)$$

其中,ρ_b、h_b 和 R_b 分别为圆板的密度、厚度和半径;j 表示虚数;p 为径向耦合力 F_{cbr} 的阶数。对于薄板结构,可以认为其面内振动与面外振动分离,故 D_i 中 $D_{12}=D_{13}=D_{21}=D_{31}=0$。

圆板在横向耦合力 F_{cbz} 或耦合弯矩 M_{cb} 激励下,均会产生弯曲振动。在2.1.3节中已经推导了圆板受沿周向分布且垂直于其表面线力、线弯矩激励下等效机械导纳的表达式,由此可得到圆板振动方程式(6-13)中系数矩阵 D_i 的对应元素表达式为

$$D_{22} = \frac{j\omega R_b}{4\rho_b h_b}\sum_{n=0}^{\infty}\frac{B(R_b)B(R_b)}{N_{pn}[\omega_{b,pn}^2(1-j\eta_{pn})-\omega^2]} \quad (6-41)$$

$$D_{32} = -\frac{j\omega R_b}{4\rho_b h_b}\sum_{n=0}^{\infty}\frac{B(R_b)B'(R_b)}{N_{pn}[\omega_{b,pn}^2(1-j\eta_{pn})-\omega^2]} \quad (6-42)$$

$$D_{23} = -\frac{\mathrm{j}\omega R_b}{4\rho_b h_b}\sum_{n=0}^{\infty}\frac{B'(R_b)B(R_b)}{N_{pn}[\omega_{b,pn}^2(1-\mathrm{j}\eta_{pn})-\omega^2]} \quad (6-43)$$

$$D_{33} = \frac{\mathrm{j}\omega R_b}{4\rho_b h_b}\sum_{n=0}^{\infty}\frac{B'(R_b)B'(R_b)}{N_{pn}[\omega_{b,pn}^2(1-\mathrm{j}\eta_{pn})-\omega^2]} \quad (6-44)$$

其中，$B(R_b)$ 的表达式见式(2-52)；N_{pn} 的表达式见式(2-55)，$\omega_{b,pn}$ 为圆板第 (p,n) 阶固有频率。

6.3 本章小结

本章基于子结构导纳功率流方法，建立了加筋板壳耦合结构振动模型，分析了多点激励的分布方向和位置、铺板与圆柱壳连接刚度等因素对振动传递特性的影响。在此基础上进而考虑流体负载与两边隔板的作用，建立了流体负载下两端含有隔板的加筋板壳耦合振动结构模型，分析了铺板的厚度、阻尼和连接位置等因素对导纳及振动声辐射的影响。本章在建立板-壳耦合结构振动模型中所使用的子结构导纳功率流建模方法，可为其他类型复杂耦合结构的振动建模分析提供参考。

第7章 动力系统振动传递参数化建模

动力机械设备在运转过程中将不可避免地产生机械振动,机械振动以弹性波的形式在结构中传播,同时在传播过程中向外辐射噪声。随着现代工业技术的快速革新,动力机械设备不断向着轻型、高速、重载等方向发展,由动力系统引起的振动与噪声问题已成为各个领域亟须解决的关键问题之一。

对于水下装备而言,动力系统的巨大振动及其辐射噪声不仅影响装备的疲劳寿命,同时还将严重影响水下装备的作战性能。水下装备辐射噪声总声级的增大,会增加探测声呐的作用距离。本章将以一种包括摆盘发动机的动力系统为例,讨论有限子结构导纳功率流方法在振动传递参数化建模中的作用。

这里所指的动力系统包括摆盘发动机(简称为主机)、燃料泵、海水泵、滑油泵等辅机,以及隔振圈等结构,整体动力系统非常复杂。其中摆盘发动机在工作时内部将产生多种激励载荷,是动力系统的主要振源,也是引起水下辐射噪声的主要因素。摆盘发动机的主齿轮通过驱动辅机齿轮传动系,带动海水泵等辅机运转。各辅机在工作过程中将产生往复力或脉动力等激励力,激起辅机壳体的结构振动,辅机的大部分振动能量经过摆盘发动机并进一步通过前、后隔振圈等连接结构传递至舱段壳体,海水泵的部分振动能量还将通过海水管等连接结构直接传递至舱段壳体,激起舱段壳体的弯曲振动并形成水下辐射噪声。

由于模型极其复杂,在传统研究过程中,一般都是用有限元方法。然而有限元建模的方法不利于对动力系统开展参数化建模分析以指导其声学设计。本章将详细介绍如何使用有限子结构导纳功率流方法建立动力系统的振动传递模型,包括子结构的简化方法、子结构间的连接与耦合、耦合系统的建立等。

7.1 摆盘发动机子结构耦合建模

7.1.1 子结构划分及激励载荷分析

初步分析表明,摆盘发动机机体的振动特性主要表现为整体结构的弯曲、扭转振动以及汽缸体端盖、摆盘箱箱体和摆盘箱端盖的局部弯曲振动。

基于发动机机体振动特性所呈现的区域性差异,将发动机机体划分为4个子结构:汽缸体端盖、汽缸体缸体、摆盘箱箱体以及摆盘箱端盖。当结构厚跨比小于0.1时,可近似忽略结构横向剪切变形以及挤压变形对于振动特性的影响[147]。对于一般水下装备的发动机机体而言,其汽缸体端盖、摆盘箱箱体以及摆盘箱端盖基本满足厚跨比小于0.1的条件,因此可采用通过薄板理论对相应子结构进行等效建模。

建立摆盘发动机机体等效模型如图 7-1 所示。等效模型在较大程度上保留了实际结构的主要振动特性,但二者仍会存在一定差异,这种差异在理论分析中难以避免。

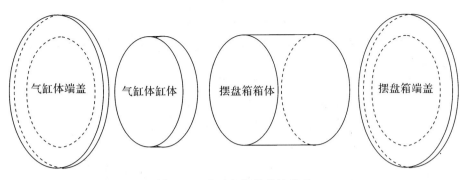

图 7-1 发动机机体等效模型

发动机机体在工作过程中所受激励载荷数目异常繁多且形式各异,不仅包括滚轮、轴承等与发动机机体直接接触的内部构件的激励力,还包括辅机、隔振圈等相邻子结构对发动机机体的耦合作用力及耦合弯矩。上述激励载荷几乎涵盖了机械导纳理论中所有常见的激励形式,包括点力激励、线力激励、面力激励、点弯矩激励以及线弯矩激励等,激励载荷的作用位置以及作用方向也不尽相同。

7.1.2 子结构耦合振动理论建模

汽缸体的缸体部分振动特性单一,可采用集中质量模型进行等效,考虑到缸体部分与汽缸体端盖在耦合结构中为并联关系,为减小耦合振动方程的维度,可进一步将主机机体划分为三个子结构:(a)汽缸体、(b)摆盘箱箱体以及(c)摆盘箱端盖,如图 7-2 所示。

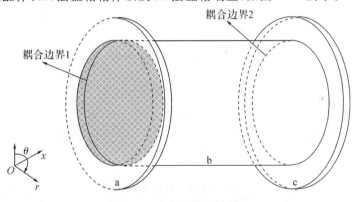

图 7-2 主机机体等效模型

7.1.2.1 耦合振动方程

(1)汽缸体受力分析

图 7-3 所示为汽缸体受力示意图,$\boldsymbol{F}_{ae}^{p} = [F_{ae,x}^{p} \quad F_{ae,r}^{p} \quad M_{ae}^{p}]^{T}$ 表示汽缸体所受沿环向余弦分布的第 p 阶外部线激励力,其中 $F_{ae,x}^{p}, F_{ae,r}^{p}, M_{ae}^{p}$ 分别表示轴向力、径向力和弯矩,其激励线半径分别用 r_{ax}, r_{ar}, r_{am} 表示,图中外部激励力的作用位置及方向仅为示意;$\boldsymbol{F}_{a}^{p} = [F_{a,x}^{p} \quad F_{a,r}^{p} \quad M_{a}^{p}]^{T}$ 表示汽缸体在耦合边界 1 处受到的沿环向余弦分布的耦合作用力,对应耦合边界 1 处的位移响应记为 $\boldsymbol{u}_{a}^{p} = [u_{a,x}^{p} \quad u_{a,r}^{p} \quad \varphi_{a}^{p}]^{T}$。

在理论建模中,假设各子结构的弯曲振动与面内振动相互独立。在耦合边界 1 处,汽缸体的振动响应可以表示为

$$u_a^p = A_e F_{ae}^p + A F_a^p \tag{7-1}$$

式中，A_e 表示耦合作用力 F_{ae}^p 对应的 3×3 阶机械导纳矩阵；A 表示外部激励力 F_a^p 对应的 3×3 阶机械导纳矩阵。

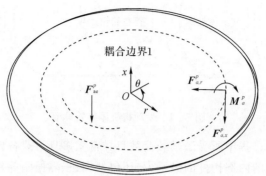

图 7-3　汽缸体端盖受力示意图

(2) 摆盘箱箱体受力分析

图 7-4 所示为摆盘箱箱体受力示意图，$F_{be}^p = [F_{be,\tau} \ 0 \ 0]^T$ 表示摆盘箱箱体受到的外部激励力，其中 $F_{be,\tau}$ 表示摆盘箱箱体受到的切向激励力，激励力距离耦合边界 1 的轴向距离用 x_b 表示；$F_{b,i}^p = [F_{b,xi}^p \ F_{b,ri}^p \ M_{b,i}^p]^T$ 表示摆盘箱箱体在第 $i(i=1,2)$ 条耦合边界处受到的耦合作用力，对应第 i 条耦合边界处的位移响应记为 $u_{bi}^p = [u_{b,xi}^p \ u_{b,ri}^p \ \varphi_{b,i}^p]^T$。

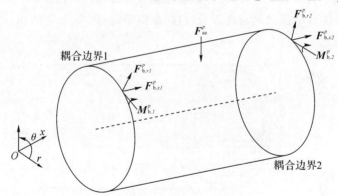

图 7-4　摆盘箱箱体受力示意图

摆盘箱箱体同时与汽缸体以及摆盘箱端盖连接，其在耦合边界 1、耦合边界 2 处的振动响应分别为

$$u_{b1}^p = B_{e1} F_{be}^p + B_{11} F_{b1}^p + B_{21} F_{b2}^p \tag{7-2}$$

$$u_{b2}^p = B_{e2} F_{be}^p + B_{12} F_{b1}^p + B_{22} F_{b2}^p \tag{7-3}$$

其中，B_{e1} 与 B_{e2} 分别表示 F_{be}^p 作用下激励位置到耦合边界 1,2 处的 3×3 阶传递导纳矩阵；B_{11} 与 B_{12} 分别表示 F_{b1}^p 作用下激励位置到耦合边界 1,2 处的 3×3 阶机械导纳矩阵；B_{21} 与 B_{22} 分别表示 F_{b2}^p 作用下激励位置到耦合边界 1,2 处的 3×3 阶机械导纳矩阵。

(3) 摆盘箱端盖受力分析

图 7-5 所示为摆盘箱端盖受力示意图，$F_{ce}^p = [F_{ce,x}^p \ F_{ce,r}^p \ M_{ce}^p]^T$ 表示摆盘箱端盖所受沿环向余弦分布的外部线激励力，其激励线半径分别用 r_{cx}, r_{cr}, r_{cm} 表示，各激励力对应的激励

线半径可互不相同,图中仅为示意;$\boldsymbol{F}_c^p = [F_{c,x}^p \quad F_{c,r}^p \quad M_c^p]^T$ 表示摆盘箱端盖受到的沿环向余弦分布耦合作用力,对应的位移响应记为 $\boldsymbol{u}_c^p = [u_{c,x}^p \quad u_{c,r}^p \quad \varphi_c^p]^T$。

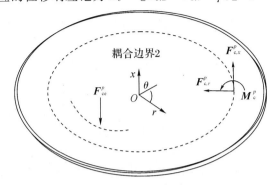

图 7-5 摆盘箱端盖受力示意图

在耦合边界 2 处,摆盘箱端盖的振动响应可以表示为

$$\boldsymbol{u}_c^p = \boldsymbol{C}_e \boldsymbol{F}_{ce}^p + \boldsymbol{C} \boldsymbol{F}_c^p \tag{7-4}$$

式中,$\boldsymbol{C}_e$ 表示 $\boldsymbol{F}_{ce}^p$ 对应的机械导纳矩阵;$\boldsymbol{C}$ 表示 $\boldsymbol{F}_c^p$ 对应的机械导纳矩阵。

(4) 耦合方程

各子结构在耦合边界处的连续方程为

$$\boldsymbol{u}_a^p = \boldsymbol{u}_{b1}^p, \boldsymbol{F}_a^p + \boldsymbol{F}_{b1}^p = \boldsymbol{0} \tag{7-5}$$

$$\boldsymbol{u}_c^p = \boldsymbol{u}_{b2}^p, \boldsymbol{F}_c^p + \boldsymbol{F}_{b2}^p = \boldsymbol{0} \tag{7-6}$$

将式(7-1)~式(7-4)代入以上两式,得到耦合振动方程,整理成矩阵形式为

$$\begin{bmatrix} \boldsymbol{B}_{11} + \boldsymbol{A} & \boldsymbol{B}_{21} \\ \boldsymbol{B}_{12} & \boldsymbol{B}_{22} + \boldsymbol{C} \end{bmatrix} \begin{bmatrix} \boldsymbol{F}_{b1}^p \\ \boldsymbol{F}_{b2}^p \end{bmatrix} = \begin{bmatrix} \boldsymbol{A}_e & -\boldsymbol{B}_{e1} & \boldsymbol{0} \\ \boldsymbol{0} & -\boldsymbol{B}_{e2} & \boldsymbol{C}_e \end{bmatrix} \begin{bmatrix} \boldsymbol{F}_{ae}^p \\ \boldsymbol{F}_{be}^p \\ \boldsymbol{F}_{ce}^p \end{bmatrix} \tag{7-7}$$

由式(7-7)计算得到各子结构在耦合边界处受到的第 p 阶耦合力,根据叠加原理进而求解各子结构在任意位置处的振动响应,进一步令外部激励力矩阵中任一项为1,剩余项为0,即可得到对应外部激励作用下主机机体耦合结构的机械导纳。

7.1.2.2 子结构机械导纳

(1) 汽缸体机械导纳参数

与汽缸体相关的机械导纳矩阵 $\boldsymbol{A}_e$ 以及 $\boldsymbol{A}$ 中的各元素,可根据汽缸体端盖机械导纳与缸体部分机械导纳计算得到:

$$A_{e(i,j)} = A_{e(i,j)}^d A_{e(i,j)}^m / (A_{e(i,j)}^d + A_{e(i,j)}^m) \tag{7-8}$$

$$A_{(i,j)} = A_{(i,j)}^d A_{(i,j)}^m / (A_{(i,j)}^d + A_{(i,j)}^m) \tag{7-9}$$

式中,上标"d"表示汽缸体端盖的机械导纳;上标"m"表示缸体部分的机械导纳。

根据缸体部分振动特性的分析,采用集中质量模型进行等效,其机械导纳表达式为

$$A_{e(i,j)}^m = A_{(i,j)}^m = 1/\omega^2 M_a \tag{7-10}$$

当汽缸体端盖受到径向力作用时,考虑到其面内振动固有频率远大于弯曲振动固有频率,因此可将径向力激励下圆板的面内振动近似为刚性振动,由此可得与汽缸体端盖相关机械导纳矩阵 $\boldsymbol{A}_e$ 中非零元素的表达式分别为

$$A_{e(1,1)}^{d} = \frac{R_a}{4\rho_a h_a r_{ax} R_b} \sum_{n=0}^{\infty} \frac{U(\lambda_{pn} r_{ax}) U(\lambda_{pn} R_b)}{\tau_p N_{pn} [\omega_{a,pn}^2 (1+i\eta_a) - \omega^2]} \qquad (7-11)$$

$$A_{e(1,3)}^{d} = -\frac{R_a}{4\rho_a h_a r_{ax} R_b} \sum_{n=0}^{\infty} \frac{U'(\lambda_{pn} r_{ax}) U(\lambda_{pn} R_b)}{\tau_p N_{pn} [\omega_{a,pn}^2 (1+i\eta_a) - \omega^2]} \qquad (7-12)$$

$$A_{e(2,2)}^{d} = \begin{cases} \dfrac{1}{\rho_a h_a R_a \omega^2} & p \neq 0 \\ 0 & p = 0 \end{cases} \qquad (7-13)$$

$$A_{e(3,1)}^{d} = -\frac{R_a}{4\rho_a h_a r_{am} R_b} \sum_{n=0}^{\infty} \frac{U(\lambda_{pn} r_{am}) U'(\lambda_{pn} R_b)}{\tau_p N_{pn} [\omega_{a,pn}^2 (1+i\eta_a) - \omega^2]} \qquad (7-14)$$

$$A_{e(3,3)}^{d} = \frac{R_a}{4\rho_a h_a r_{am} R_b} \sum_{n=0}^{\infty} \frac{U'(\lambda_{pn} r_{am}) U'(\lambda_{pn} R_b)}{\tau_p N_{pn} [\omega_{a,pn}^2 (1+i\eta_a) - \omega^2]} \qquad (7-15)$$

基于薄板理论的基本假设，圆板的面内振动与弯曲振动相互独立，因此 A_e 中其余元素均为零。与汽缸体端盖相关机械导纳矩阵 A 中非零元素的表达式分别为

$$A_{(1,1)}^{d} = \frac{R_a}{4\rho_a h_a R_b^2} \sum_{n=0}^{\infty} \frac{U^2(\lambda_{pn} R_b)}{\tau_p N_{pn} [\omega_{a,pn}^2 (1+i\eta_a) - \omega^2]} \qquad (7-16)$$

$$A_{(1,3)}^{d} = -\frac{R_a}{4\rho_a h_a R_b^2} \sum_{n=0}^{\infty} \frac{U'(\lambda_{pn} R_b) U(\lambda_{pn} R_b)}{\tau_p N_{pn} [\omega_{a,pn}^2 (1+i\eta_a) - \omega^2]} \qquad (7-17)$$

$$A_{(2,2)}^{d} = \begin{cases} \dfrac{1}{\rho_a h_a R_a \omega^2} & p \neq 0 \\ 0 & p = 0 \end{cases} \qquad (7-18)$$

$$A_{(3,1)}^{d} = -\frac{R_a}{4\rho_a h_a R_b^2} \sum_{n=0}^{\infty} \frac{U(\lambda_{pn} R_b) U'(\lambda_{pn} R_b)}{\tau_p N_{pn} [\omega_{a,pn}^2 (1+i\eta_a) - \omega^2]} \qquad (7-19)$$

$$A_{(3,3)}^{d} = \frac{R_a}{4\rho_a h_a R_b^2} \sum_{n=0}^{\infty} \frac{U'(\lambda_{pn} R_b) U'(\lambda_{pn} R_b)}{\tau_p N_{pn} [\omega_{a,pn}^2 (1+i\eta_a) - \omega^2]} \qquad (7-20)$$

(2) 摆盘箱箱体机械导纳参数

对圆柱壳在环向余弦分布线力作用下的各类等效线导纳进行推导，可获得 B_{e1} 中各非零元素的表达式 $B_{e1(1,1)}$，$B_{e1(2,1)}$ 与 $B_{e1(3,1)}$。与摆盘箱箱体相关的机械导纳矩阵 B_{11} 中非零元素分别为 $B_{11(1,1)}$，$B_{11(1,2)}$，$B_{11(1,3)}$，$B_{11(2,1)}$，$B_{11(2,2)}$，$B_{11(2,3)}$，$B_{11(3,1)}$，$B_{11(3,2)}$ 与 $B_{11(3,3)}$。与摆盘箱箱体相关的机械导纳矩阵 B_{12} 中非零元素分别为 $B_{12(1,1)}$，$B_{12(1,2)}$，$B_{12(1,3)}$，$B_{12(2,1)}$，$B_{12(2,2)}$，$B_{12(2,3)}$，$B_{12(3,1)}$，$B_{12(3,2)}$ 与 $B_{12(3,3)}$。与摆盘箱箱体相关的机械导纳矩阵 B_{21} 中非零元素分别为 $B_{21(1,1)}$，$B_{21(1,2)}$，$B_{21(1,3)}$，$B_{21(2,1)}$，$B_{21(2,2)}$，$B_{21(2,3)}$，$B_{21(3,1)}$，$B_{21(3,2)}$ 与 $B_{21(3,3)}$。与摆盘箱箱体相关的机械导纳矩阵 B_{22} 中非零元素分别为 $B_{22(1,1)}$，$B_{22(1,2)}$，$B_{22(1,3)}$，$B_{22(2,1)}$，$B_{22(2,2)}$，$B_{22(2,3)}$，$B_{22(3,1)}$，$B_{22(3,2)}$ 与 $B_{22(3,3)}$。以上各子元素的具体表达式详见附录 B。

(3) 摆盘箱端盖机械导纳参数

与摆盘箱端盖相关机械导纳矩阵 C_e 中非零元素的表达式分别为

$$C_{e(1,1)} = \frac{R_c}{4\rho_c h_c r_{cx} R_b} \sum_{n=0}^{\infty} \frac{U(\lambda_{pn} r_{cx}) U(\lambda_{pn} R_b)}{\tau_p N_{pn} [\omega_{c,pn}^2 (1+i\eta_c) - \omega^2]} \qquad (7-21)$$

$$C_{e(1,3)} = -\frac{R_c}{4\rho_c h_c r_{cx} R_b} \sum_{n=0}^{\infty} \frac{U'(\lambda_{pn} r_{cx}) U(\lambda_{pn} R_b)}{\tau_p N_{pn} [\omega_{c,pn}^2 (1+i\eta_c) - \omega^2]} \qquad (7-22)$$

$$C_{e(2,2)} = \begin{cases} \dfrac{1}{\rho_c h_c R_c \omega^2} & p \neq 0 \\ 0 & p = 0 \end{cases} \quad (7-23)$$

$$C_{e(3,1)} = -\frac{R_c}{4\rho_c h_c r_{cx} R_b} \sum_{n=0}^{\infty} \frac{U(\lambda_{pn} r_{cx}) U'(\lambda_{pn} R_b)}{\tau_p N_{pn} [\omega_{c,pn}^2 (1+i\eta_c) - \omega^2]} \quad (7-24)$$

$$C_{e(3,3)} = \frac{R_c}{4\rho_c h_c r_{cx} R_b} \sum_{n=0}^{\infty} \frac{U'(\lambda_{pn} r_{cx}) U'(\lambda_{pn} R_b)}{\tau_p N_{pn} [\omega_{c,pn}^2 (1+i\eta_c) - \omega^2]} \quad (7-25)$$

与摆盘箱端盖相关机械导纳矩阵 C 中非零元素的表达式分别为

$$C_{(1,1)} = \frac{R_c}{4\rho_c h_c R_b^2} \sum_{n=0}^{\infty} \frac{U^2(\lambda_{pn} R_b)}{\tau_p N_{pn} [\omega_{c,pn}^2 (1+i\eta_c) - \omega^2]} \quad (7-26)$$

$$C_{(1,3)} = -\frac{R_c}{4\rho_c h_c R_b^2} \sum_{n=0}^{\infty} \frac{U'(\lambda_{pn} R_b) U(\lambda_{pn} R_b)}{\tau_p N_{pn} [\omega_{c,pn}^2 (1+i\eta_c) - \omega^2]} \quad (7-27)$$

$$C_{(2,2)} = \begin{cases} \dfrac{1}{\rho_c h_c R_c \omega^2} & p \neq 0 \\ 0 & p = 0 \end{cases} \quad (7-28)$$

$$C_{(3,1)} = -\frac{R_c}{4\rho_c h_c R_b^2} \sum_{n=0}^{\infty} \frac{U(\lambda_{pn} R_b) U'(\lambda_{pn} R_b)}{\tau_p N_{pn} [\omega_{c,pn}^2 (1+i\eta_c) - \omega^2]} \quad (7-29)$$

$$C_{(3,3)} = \frac{R_c}{4\rho_c h_c R_b^2} \sum_{n=0}^{\infty} \frac{U'(\lambda_{pn} R_b) U'(\lambda_{pn} R_b)}{\tau_p N_{pn} [\omega_{c,pn}^2 (1+i\eta_c) - \omega^2]} \quad (7-30)$$

使用以上汽缸体、摆盘箱箱体以及摆盘箱端盖的相应表达式计算出相应结构元素的值并代入耦合振动控制方程式(7-7)中,即可得到对应外部激励作用下主机机体耦合结构的机械导纳,并可由叠加原理进一步获得结构的振动响应。

7.2 辅机与连接件的等效机械导纳模型

7.2.1 辅机子结构等效建模

动力系统中的辅机结构主要包括海水泵、燃料泵、滑油泵等,用于将系统中的液体燃料、海水、润滑油等增压并输送。工作过程中各辅机内部将产生往复力或脉动力等激励力,这些激励力直接作用于各辅机壳体,激起辅机壳体的结构振动,并进一步传递至发动机机体,海水泵工作过程中产生的部分振动能量还将通过海水管直接作用于舱段壳体。辅机壳体通常具有结构紧凑、外形复杂的显著特征,本节以海水泵壳体为例,对辅机壳体的参数化等效建模方法进行探索。

将海水泵壳体的 UG 模型导入 HyperMesh 中进行网格划分,然后导入有限元分析软件 ANSYS 中进行仿真计算。在有限元模型中,对一般海水泵壳体安装端面施加固支约束,模态分析结果如表 7-1 所示。结果表明:海水泵壳体在中低频段内的模态数目较少,相对工程中常见的薄壳类典型结构,在对应分析频段内的模态数目明显偏少。

表 7-1　海水泵壳体前四阶模态

模态阶数	模态振型描述
1	zx 平面弯曲振动
2	zy 平面弯曲振动
3	绕 z 轴的扭转振动
4	沿 z 轴的纵振动

注：x 方向为海水入口处所在平面的法线方向，z 方向为海水泵安装端面的法线方向。

图 7-6 给出了海水泵壳体的前四阶模态振型，可以发现，其首阶模态振型与梁结构的弯曲振动模态振型非常相似。

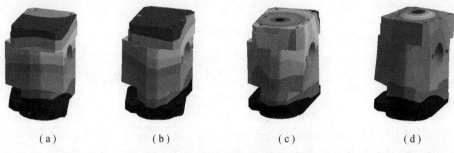

图 7-6　海水泵壳体模态振型图
(a)第一阶；(b)第二阶；(c)第三阶；(d)第四阶

实际上，在很宽的分析频率范围内，海水泵壳体机械导纳曲线仅存在一个峰值，与海水泵壳体的首阶模态相对应。深入挖掘这一显著特点，可以为海水泵壳体等不规则紧凑结构的等效建模提供重要参考。

7.2.2　隔振圈子结构等效建模

在水下装备的动力系统中，为减少由主机传递至舱段壳体的振动能量，通常采取整机隔振的方式，即在主机与舱段壳体之间安装隔振圈。隔振圈主要由金属内圈、金属外圈以及环向分布的橡胶块组成。在隔振圈结构振动传递特性研究方面，高爱军[148]建立了一个类似结构的隔振圈四端参数模型，对隔振系统的振动传递特性进行了分析，并对橡胶硬度以及阻尼等参数对隔振特性的影响规律进行了研究。本节基于隔振圈的四端参数模型，充分考虑动力装置、隔振圈以及舱段壳之间的耦合作用，对隔振圈的等效连接刚度进行分析。

7.2.2.1　隔振圈四端参数模型

橡胶块是构成隔振圈的基本单元，在隔振圈的隔振性能中起到主要作用。橡胶块的四个面分别与金属内圈骨架、内圈肋骨、金属外圈骨架以及外圈肋骨接触并受其作用，产生拉压及剪切变形。橡胶块在拉压状态及剪切状态下四端参数方程分别为[148]

$$\begin{bmatrix} F_{p1} \\ v_{p1} \end{bmatrix} = \begin{bmatrix} \cos(n_p l) & \mu_r \sin(n_p l) \\ -(1/\gamma_r)\sin(n_p l) & \cos(n_p l) \end{bmatrix} \begin{bmatrix} F_{p2} \\ v_{p2} \end{bmatrix} = \boldsymbol{X}_p \begin{bmatrix} F_{p2} \\ v_{p2} \end{bmatrix} \quad (7-31)$$

$$\begin{bmatrix} F_{s1} \\ v_{s1} \end{bmatrix} = \begin{bmatrix} \cos(n_s l) & \mu_s \sin(n_s l) \\ -(1/\gamma_s)\sin(n_s l) & \cos(n_s l) \end{bmatrix} \begin{bmatrix} F_{s2} \\ v_{s2} \end{bmatrix} = \boldsymbol{X}_s \begin{bmatrix} F_{s2} \\ v_{s2} \end{bmatrix} \quad (7-32)$$

其中，A,l 分别表示橡胶块环向截面面积与环向长度；E,ρ,μ 分别表示橡胶材料的弹性模量、密度与泊松比；$m = \rho A l$，$G = E/2(1+\mu)$，$n_p = \sqrt{\rho \omega^2 / E(1+\mathrm{j}\eta)}$，$\kappa_p = \mathrm{j}\omega m / n_p l$，$n_s = \sqrt{\rho \omega^2 / G(1+\mathrm{j}\eta)}$，$\kappa_s = \mathrm{j}\omega m / n_s l$。

(1) 隔振圈的轴向四端参数方程

为保证轴向刚度，橡胶块与肋骨在轴向存在夹角 α，如图 7-7 所示。其中 x,r,θ 分别表示轴向、径向以及环向；下标"q"和"l"分别表示金属圈骨架以及肋骨对橡胶块的作用力。

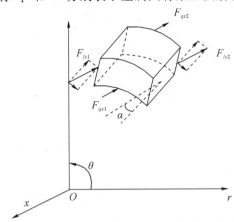

图 7-7 橡胶块轴向受力示意图

当隔振圈受到轴向力的作用时，橡胶块与金属圈接触的 4 个面均受到剪切力的作用，其中与金属圈肋骨接触的两个面还会受到拉压力的作用。结合式(7-31)可得橡胶块在受到轴向力作用时，轴向力由内圈骨架传递到外圈骨架对应的四端参数方程为

$$\begin{bmatrix} F_{qx1} \\ v_{qx1} \end{bmatrix} = \boldsymbol{X}_s \begin{bmatrix} F_{qx2} \\ v_{qx2} \end{bmatrix} \quad (7-33)$$

由于轴向夹角 α 的存在，肋骨对橡胶块的作用力为剪切力及拉压力的合力，可得轴向力由内圈肋骨传递到外圈肋骨对应的四端网络法参数方程为

$$\begin{bmatrix} F_{lx1} \\ v_{lx1} \end{bmatrix} = [\boldsymbol{X}_p \cos^2\alpha + \boldsymbol{X}_s \sin^2\alpha] \begin{bmatrix} F_{lx2} \\ v_{lx2} \end{bmatrix} \quad (7-34)$$

金属圈骨架与肋骨对橡胶块的作用可视为并联关系，令 $F_{lx1} = F_{qx1}$，可得橡胶块的轴向振动传递四端参数方程为

$$\begin{bmatrix} F_{x1} \\ v_{x1} \end{bmatrix} = \begin{bmatrix} \alpha_1/\alpha_2 & \alpha_1\alpha_3/\alpha_2 - \alpha_2 \\ 1/\alpha_2 & \alpha_3/\alpha_2 \end{bmatrix} \begin{bmatrix} F_{x2} \\ v_{x2} \end{bmatrix} = \boldsymbol{X}_x \begin{bmatrix} F_{x2} \\ v_{x2} \end{bmatrix} \quad (7-35)$$

式中，

$$\alpha_1 = \alpha_3 = -\frac{\kappa_s}{\cot n_s} + \frac{\cos(n_s l)\sin^2\alpha + \cos(n_p l)\cos^2\alpha}{-(1/\kappa_p)\sin(n_s l)\sin^2\alpha - (1/\kappa_p)\sin(n_p l)\cos^2\alpha};$$

$$\alpha_2 = -\frac{\kappa_s}{\sin n_s} + \frac{1}{-(1/\kappa_s)\sin(n_s l)\sin\alpha - (1-\kappa_p)\sin(n_p l)\cos^2\alpha}。$$

环向分布的 n 个橡胶块之间可视为并联关系，根据四端参数网络连接的并联特性，可得

隔振圈的轴向振动传递四端参数方程为

$$\begin{bmatrix} F_{内圈} \\ v_{内圈} \end{bmatrix} = \begin{bmatrix} X_{x11} & \dfrac{n(X_{x11}X_{x22}-1)}{X_{x21}} \\ X_{x21}/n & X_{x22} \end{bmatrix} \begin{bmatrix} F_{外圈} \\ v_{外圈} \end{bmatrix} \quad (7-36)$$

(2)隔振圈的径向四端参数方程

当金属内圈受到环向力的作用时,各橡胶块受到径向力及环向力的综合作用。在环向上,橡胶块的四个面均受到剪切作用,与肋骨接触面还受到拉压作用,如图7-8所示。

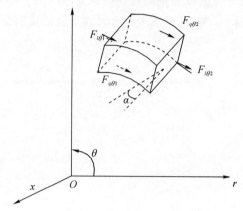

图7-8 橡胶块环向受力示意图

环向力由内圈骨架传递到外圈骨架对应的四端参数方程为

$$\begin{bmatrix} F_{q\theta1} \\ v_{q\theta1} \end{bmatrix} = \bm{X}_s \begin{bmatrix} F_{q\theta2} \\ v_{q\theta2} \end{bmatrix} \quad (7-37)$$

环向力由内圈肋骨传递到外圈肋骨对应的四端网络法参数方程为

$$\begin{bmatrix} F_{l\theta1} \\ v_{l\theta1} \end{bmatrix} = \{\bm{X}_p \sin^2\alpha + \bm{X}_s \cos^2\alpha\} \begin{bmatrix} F_{l\theta2} \\ v_{l\theta2} \end{bmatrix} \quad (7-38)$$

从而得到橡胶块在环向方向上的四端参数方程为

$$\begin{bmatrix} F_{\theta1} \\ v_{\theta1} \end{bmatrix} = \begin{bmatrix} \beta_1/\beta_2 & \beta_1\beta_3/\beta_2 - \beta_2 \\ 1/\beta_2 & \beta_3/\beta_2 \end{bmatrix} \begin{bmatrix} F_{\theta2} \\ v_{\theta2} \end{bmatrix} = \bm{X}_\theta \begin{bmatrix} F_{\theta2} \\ v_{\theta2} \end{bmatrix} \quad (7-39)$$

式中,

$$\beta_1 = \beta_3 = -\frac{\kappa_s}{\cot(n_s)} + \frac{\cos(n_s l)\cos^2\alpha + \cos(n_p l)\sin^2\alpha}{-(1/\kappa_s)\sin(n_s l)\cos^2\alpha - (1/\kappa_p)\sin(n_p l)\sin^2\alpha};$$

$$\beta_2 = -\frac{\kappa_s}{\sin(n_s)} + \frac{1}{-(1/\kappa_s)\sin(n_s l)\cos^2\alpha - (1/\kappa_p)\sin(n_p l)\sin^2\alpha}。$$

当金属内圈受到径向力的作用时,橡胶块受到金属内、外圈的拉压作用以及与肋骨的剪切作用,如图7-9所示。

径向力由内圈接触面传递到外圈接触面对应的四端参数方程为

$$\begin{bmatrix} F_{qr1} \\ v_{qr1} \end{bmatrix} = \bm{X}_p \begin{bmatrix} F_{qr2} \\ v_{qr2} \end{bmatrix} \quad (7-40)$$

径向力由内圈肋骨传递到外圈肋骨对应的四端网络法参数方程为

$$\begin{bmatrix} F_{lr1} \\ v_{lr1} \end{bmatrix} = \boldsymbol{X}_s \begin{bmatrix} F_{lr2} \\ v_{lr2} \end{bmatrix} \tag{7-41}$$

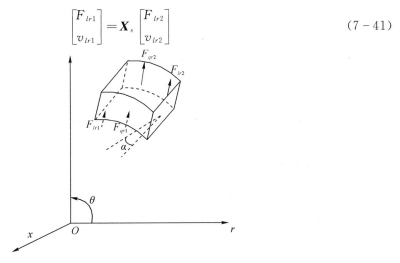

图 7-9　橡胶块径向受力示意图

从而得到橡胶块在径向方向上的四端参数方程为

$$\begin{bmatrix} F_{r1} \\ v_{r1} \end{bmatrix} = \begin{bmatrix} \gamma_1/\gamma_2 & \gamma_1\gamma_3/\gamma_2 - \gamma_2 \\ 1/\gamma_2 & \gamma_3/\gamma_2 \end{bmatrix} \begin{bmatrix} F_{r2} \\ v_{r2} \end{bmatrix} = \boldsymbol{X}_r \begin{bmatrix} F_{r2} \\ v_{r2} \end{bmatrix} \tag{7-42}$$

其中，$\gamma_1 = \gamma_3 = -\kappa_\tau/\cot n_\tau - \kappa_r/\cot n_r$，$\gamma_2 = -\kappa_\tau/\sin n_\tau - \kappa_r/\sin n_r$。

由于隔振圈结构的环形特点，在金属内圈的径向力向金属外圈传递的过程中，根据分布角度的不同，其环向力与径向力对隔振圈结构的振动传递特性影响不同。

图 7-10　第 i 个橡胶块位置示意图

如图 7-10 所示，当金属内圈受到径向点力的作用时，对于与力作用线方向夹角为 θ_i 的第 i 个橡胶块，其在力作用线方向上的四端参数方程为

$$\begin{bmatrix} F_1 \\ v_1 \end{bmatrix} = [\boldsymbol{X}_r \cos^2\theta_i + \boldsymbol{X}_\theta \sin^2\theta_i] \begin{bmatrix} F_2 \\ v_2 \end{bmatrix} = \boldsymbol{X}_i \begin{bmatrix} F_2 \\ v_2 \end{bmatrix} \tag{7-43}$$

从隔振圈每个橡胶块的受力分析知：隔振圈是由 n 个橡胶块组成的，由于隔振圈的对称性，其上半圈橡胶块为并联连接，同时上半圈橡胶块又与下半圈橡胶块串联，根据四端参数串并联特性，整理可得隔振圈在径向上的四端参数方程为

$$\begin{bmatrix} F_{内圈} \\ v_{内圈} \end{bmatrix} = \begin{bmatrix} A^2B^{-2} + AB^{-2}C - 1 & A^2B^{-2}C - AB^{-2} + AB^{-2}C^2 - CB^{-2} \\ AB^{-2} + B^{-2}C & AB^{-2}C - 1 + B^{-2}C^2 \end{bmatrix} \begin{bmatrix} F_{外圈} \\ v_{外圈} \end{bmatrix}$$

$$\tag{7-44}$$

式中，$A = \sum_{i=1}^{n/2} X_{i11}/X_{i21}$，$B = \sum_{i=1}^{n/2} 1/X_{i21}$，$C = \sum_{i=1}^{n/2} X_{i22}/X_{i21}$。

7.2.2.2 隔振圈等效刚度

对于动力装置、隔振圈以及舱段壳所组成的耦合系统,根据式(7-36)与式(7-44)可进一步得到动力装置到舱段壳体轴向及径向振动响应的传递率分别为

$$\left.\begin{array}{l} T_x = X_{x21}/nY_x + X_{x22} \\ T_r = (AB^{-2} + B^{-2}C)/Y_r + (AB^{-2}C - 1 + B^{-2}C^2) \end{array}\right\} \quad (7-45)$$

其中,Y_x,Y_r 分别表示壳体的轴向与径向等效机械导纳。

将动力装置及舱段壳近似视为刚性体,则"动力装置-隔振圈-舱段壳"可等效为双振子系统,该系统的运动方程为

$$m\ddot{u}_1 + K(1+j\eta)(u_1 - u_2) = 0 \quad (7-46)$$

其中,m 为舱段壳质量;u_1,u_2 分别表示舱段壳和动力装置的振动位移;K 为隔振圈的等效刚度;η 为隔振圈结构损耗因子。

对式(7-46)进行变形,可得隔振圈的轴向与径向等效刚度

$$\left.\begin{array}{l} K_x = m\omega^2 / \left[1 + \sqrt{1+\eta^2/T_x^2 - \eta^2}\right] \\ K_r = m\omega^2 / \left[1 + \sqrt{1+\eta^2/T_r^2 - \eta^2}\right] \end{array}\right\} \quad (7-47)$$

通过上述分析,将隔振圈结构等效为主机与舱段壳之间的连接刚度,在保证结构振动路径完整性及反映结构振动传递特性的前提下,在后续动力系统振动传递特性建模研究中能够有效减少子结构数目,使后续建立的耦合结构振动方程得到一定程度的简化。

通过以上对摆盘发动机、各类辅机泵、隔振圈等主要子结构的机械导纳特性建模,并结合结构间的耦合特性,则可进一步建立动力系统振动传递参数化的分析模型。

7.3 本章小结

作为有限子结构导纳功率流方法的一个工程案例,本章详细介绍了如何使用有限子结构导纳功率流方法建立动力系统的振动传递模型,包括子结构的简化方法、子结构间的连接与耦合、耦合系统的建立等各个方面。

首先以摆盘式发动机为研究对象,通过将主机机体划分为若干子结构,进而结合各子结构的等效机械导纳,建立发动机机体的振动分析模型。通过对各辅机结构的主要振动特性进行系统分析,实现了对辅机壳体、隔振圈等复杂结构的合理简化,与此同时较好地保留了实际结构的振动特性,获取了辅机、隔振圈等结构的振动分析模型。在此基础上可进一步建立包含主机机体、多种辅机泵、隔振圈、机舱壳体等在内的动力系统振动传递参数化分析模型。

本章所述动力系统的子结构导纳功率流建模方法,可为其他类型复杂耦合结构的振动建模分析提供参考。

附　　录

附录 A　经典结构的输入导纳和传递导纳

表 A.1　经典结构的输入导纳和传递导纳

结构	输入导纳、传递导纳
无限板,力激励[149]	$Y_{11} = \dfrac{\omega}{8Bk^2}$ $Y_{12} = \sqrt{\dfrac{2}{rk\pi}} \dfrac{\omega}{8Bk^2} e^{j(kr-\frac{\pi}{4})}$ r—距离,k—弯曲波数,B—弯曲刚度
无限板,矩激励[149]	$Y_{11} = \dfrac{\omega}{8B(1+L)}\left\{1 + \dfrac{j4}{\pi}\ln ka - \dfrac{j8L}{\pi(1-v)}\left(\dfrac{h}{ka}\right)^2\right\}$ $Y_{12} = \sqrt{\dfrac{2}{rk\pi}} \dfrac{\omega}{8Bk} e^{j(kr-\frac{\pi}{4})} \sin\varphi$ h—板厚度,L—贝叶斯函数项,v—泊松比
四边简支板,力激励[130]	$Y_{12} = \dfrac{4\pi^2(j\omega)}{\rho hab} \sum_{i=1}^{\infty}\sum_{n=1}^{\infty} \dfrac{\sin\left(\dfrac{i\pi x_1}{a}\right)\sin\left(\dfrac{n\pi y_1}{b}\right)}{[\omega_{in}^2(1+j\delta)-\omega^2]} \sin\left(\dfrac{i\pi x_2}{a}\right)\sin\left(\dfrac{n\pi y_2}{b}\right)$ 当点 1,2 重合时,即为输入点导纳 ω_{in}^2—简支板的固有频率,δ—临界阻尼比
简支圆板,矩激励[150]	$Y_{12} = \sum_{m=0}^{\infty} \dfrac{-a\omega k_{mn} M_{mn1}}{\rho h N_{m1} \omega_{mn}^2 [\eta - j(1-\lambda_{mn})]} U_{mn}(r^*,\theta^*) \dfrac{1}{\cos n\theta}$ $Y_{11} = \sum_{m=0}^{\infty} \dfrac{a\omega k_{mn} M_{mn1}}{\rho h N_{m1} \omega_{mn}^2 [\eta - j(1-\lambda_{mn})]}$ a—板半径,ρ—密度,h—厚度,ω_{mn}—固有频率 k_{mn}, M_{mn1}, N_{mn} 和 $U_{mn}(r^*,\theta^*)$ 参见文献[149]
无限梁,力激励[149]	$Y_{12} = \dfrac{\omega}{4EIk^3}[e^{jkl} + je^{-kl}]$ $Y_{11} = \dfrac{\omega}{4EIk^3}[1+j]$ E—弹性模量,I—转动惯量,l—距离

续表

结构	输入导纳、传递导纳
无限梁,矩激励[149]	$Y_{12} = \dfrac{\omega}{4EIk}[e^{jkl} - je^{-kl}]$ $Y_{11} = \dfrac{\omega}{4EIk}[1 - j]$ E—弹性模量,I—转动惯量,l—距离
简支梁,力激励[130]	$Y_{12} = \sum\limits_{i=1}^{\infty} \dfrac{\omega W'_i(0)W_i(l)}{m_i \omega_i^2 [\eta_b - j(1-\lambda_i)]}$ $Y_{11} = \sum\limits_{i=1}^{\infty} \dfrac{\omega W_i^2(l)}{m_i \omega_i^2 [\eta_b - j(1-\lambda_i)]}$ m_i—梁的第i阶广义质量,$W_i(x)$—梁的第i阶主振型, $\lambda_i = \dfrac{\omega^2}{\omega_i^2}$—梁的第$i$阶频率比,$\eta_b$—梁的内损耗因子
简支梁,矩激励[130]	$Y_{12} = \sum\limits_{i=1}^{\infty} \dfrac{\omega W'_i(0)W_i(l)}{m_i \omega_i^2 [\eta_b - j(1-\lambda_i)]}$ $Y_{11} = \sum\limits_{i=1}^{\infty} \dfrac{\omega [W'_i(0)]^2}{m_i \omega_i^2 [\eta_b - j(1-\lambda_i)]}$ m_i—梁的第i阶广义质量,$W_i(x)$—梁的第i阶主振型, $\lambda_i = \dfrac{\omega^2}{\omega_i^2}$—梁的第$i$阶频率比,$\eta_b$—梁的内损耗因子
简支圆柱壳体,力激励[150]	$Y_{12} = -\sum\limits_{m=1}^{\infty}\sum\limits_{n=0}^{\infty} \dfrac{2Y'_m(L)\omega}{\pi La\varepsilon_n \rho h \omega_{mn}^2 [\eta - j(1-\lambda_{mn})]} \cos n\theta$ $Y_{11} = -\sum\limits_{m=1}^{\infty}\sum\limits_{n=0}^{\infty} \dfrac{4\omega}{La\varepsilon_n \rho h \omega_{mn}^2 [\eta_s - j(1-\lambda_{mn})]}$ a—半径,ρ—密度,h—厚度,L—距离 ω_{mn}—固有频率,ε_n—圆柱壳体的结构参数 $\lambda_{mn} = \dfrac{\omega^2}{\omega_{mn}^2}$
加筋板,力激励于板上[151]	$Y_{12} = \dfrac{e^{i(rk_p - \frac{\pi}{4})}}{\sqrt{rk_p}} y(\varphi) + \dfrac{e^{i(r'k_p - \frac{\pi}{4})}}{\sqrt{r'k_p}} \dfrac{i}{4\sqrt{2\pi} B_p k_p^2}$ 其中,$y(\varphi) =$ $\dfrac{-B_b(k_p^4 \sin^4\varphi - k_b^4)(\sqrt{1+\sin^2\varphi} e^{jk_p l |\cos\varphi|} + i\cos\varphi e^{-k_p l\sqrt{1+\sin^2\varphi}})}{4\sqrt{2\pi} B_p k_p^2 [4B_p k_p^2 \sqrt{1-\sin^4\varphi} - iB_b(k_p^4 \sin^4\varphi - k_b^4)](\sqrt{1+\sin^2\varphi} + i|\cos\varphi|)}$ 连接处的输入导纳由无限板近似; A—筋的横截面面积,下标b,p分别表示与筋和板有关的量

附录 B 复杂耦合结构导纳参数表达式

B.1 板壳耦合振动结构导纳系数矩阵相关项表达式

加筋矩形板振动方程式(6-1)中系数矩阵 A 的相关项表达式如下：

$$a_{11} = \frac{j\omega}{\rho_p h_p ab} \sum_{n=1}^{\infty} \frac{\cos^2(k_n y_1)}{\bar{\omega}_{pmn}^2 (1+j\eta_p) - \omega^2} \tag{B-1}$$

$$a_{14} = a_{41} = \frac{j\omega}{\rho_p h_p ab} \sum_{n=1}^{\infty} \frac{\cos(k_n y_1)\cos(k_n y_2)}{\bar{\omega}_{pmn}^2 (1+j\eta_p) - \omega^2} \tag{B-2}$$

$$a_{22} = \frac{j\omega}{\rho_p h_p ab} \sum_{n=1}^{\infty} \frac{\sin^2(k_n y_1)}{\bar{\omega}_{pmn}^2 (1+j\eta_p) - \omega^2} \tag{B-3}$$

$$a_{23} = -\frac{j\omega}{\rho_p h_p ab} \sum_{n=1}^{\infty} \frac{k_n \cos(k_n y_1)\sin(k_n y_1)}{\bar{\omega}_{pmn}^2 (1+j\eta_p) - \omega^2} \tag{B-4}$$

$$a_{25} = a_{52} = \frac{j\omega}{\rho_p h_p ab} \sum_{n=1}^{\infty} \frac{\sin(k_n y_1)\sin(k_n y_2)}{\bar{\omega}_{pmn}^2 (1+j\eta_p) - \omega^2} \tag{B-5}$$

$$a_{26} = -\frac{j\omega}{\rho_p h_p ab} \sum_{n=1}^{\infty} \frac{k_n \cos(k_n y_2)\sin(k_n y_2)}{\bar{\omega}_{pmn}^2 (1+j\eta_p) - \omega^2} \tag{B-6}$$

$$a_{32} = -\frac{j\omega}{\rho_p h_p ab} \sum_{n=1}^{\infty} \frac{k_n \sin(k_n y_1)\cos(k_n y_1)}{\bar{\omega}_{pmn}^2 (1+j\eta_p) - \omega^2} \tag{B-7}$$

$$a_{33} = \frac{j\omega}{\rho_p h_p ab} \sum_{n=1}^{\infty} \frac{k_n^2 \cos^2(k_n y_1)}{\bar{\omega}_{pmn}^2 (1+j\eta_p) - \omega^2} \tag{B-8}$$

$$a_{35} = -\frac{j\omega}{\rho_p h_p ab} \sum_{n=1}^{\infty} \frac{k_n \sin^2(k_n y_2)\cos(k_n y_1)}{\bar{\omega}_{pmn}^2 (1+j\eta_p) - \omega^2} \tag{B-9}$$

$$a_{36} = a_{63} = \frac{j\omega}{\rho_p h_p ab} \sum_{n=1}^{\infty} \frac{k_n^2 \cos(k_n y_1)\cos(k_n y_2)}{\bar{\omega}_{pmn}^2 (1+j\eta_p) - \omega^2} \tag{B-10}$$

$$a_{44} = \frac{j\omega}{\rho_p h_p ab} \sum_{n=1}^{\infty} \frac{\cos^2(k_n y_2)}{\bar{\omega}_{pmn}^2 (1+j\eta_p) - \omega^2} \tag{B-11}$$

$$a_{53} = -\frac{j\omega}{\rho_p h_p ab} \sum_{n=1}^{\infty} \frac{k_n \cos(k_n y_1)\sin(k_n y_2)}{\bar{\omega}_{pmn}^2 (1+j\eta_p) - \omega^2} \tag{B-12}$$

$$a_{56} = -\frac{j\omega}{\rho_p h_p ab} \sum_{n=1}^{\infty} \frac{k_n \cos(k_n y_2)\sin(k_n y_2)}{\bar{\omega}_{pmn}^2 (1+j\eta_p) - \omega^2} \tag{B-13}$$

$$a_{55} = \frac{j\omega}{\rho_p h_p ab} \sum_{n=1}^{\infty} \frac{\sin^2(k_m y_2)}{\bar{\omega}_{pmn}^2 (1+j\eta_p) - \omega^2} \tag{B-14}$$

$$a_{62} = -\frac{j\omega}{\rho_p h_p ab} \sum_{n=1}^{\infty} \frac{k_n \sin^2(k_n y_1)\cos(k_n y_2)}{\bar{\omega}_{pmn}^2 (1+j\eta_p) - \omega^2} \tag{B-15}$$

$$a_{65} = -\frac{j\omega}{\rho_p h_p ab} \sum_{n=1}^{\infty} \frac{k_n \sin(k_n y_2)\cos(k_n y_2)}{\bar{\omega}_{pmn}^2 (1+j\eta_p) - \omega^2} \tag{B-16}$$

$$a_{66} = \frac{j\omega}{\rho_p h_p ab} \sum_{n=1}^{\infty} \frac{k_n^2 \cos^2(k_n y_2)}{\bar{\omega}_{pmn}^2 (1+j\eta_p) - \omega^2} \tag{B-17}$$

$$a_{12}=a_{13}=a_{15}=a_{16}=0 \tag{B-18}$$

$$a_{42}=a_{43}=a_{45}=a_{46}=0 \tag{B-19}$$

加筋矩形板振动方程式(6-1)中系数矩阵 $\boldsymbol{A}_e^j$ 的相关项表达式如下：

$$a_{e1}^j=a_{e4}^j=0 \tag{B-20}$$

$$a_{e2}^j=\frac{\mathrm{j}\omega}{\rho_p h_p ab}\sum_{n=1}^{\infty}\frac{\sin(k_n y_0)\sin(k_n y_1)}{\bar{\omega}_{pmn}^2(1+\mathrm{j}\eta_p)-\omega^2} \tag{B-21}$$

$$a_{e3}^j=-\frac{\mathrm{j}\omega}{\rho_p h_p ab}\sum_{n=1}^{\infty}\frac{k_n\sin(k_n y_0)\cos(k_n y_1)}{\bar{\omega}_{pmn}^2(1+\mathrm{j}\eta_p)-\omega^2} \tag{B-22}$$

$$a_{e5}^j=\frac{\mathrm{j}\omega}{\rho_p h_p ab}\sum_{n=1}^{\infty}\frac{\sin(k_n y_0)\sin(k_n y_2)}{\bar{\omega}_{pmn}^2(1+\mathrm{j}\eta_p)-\omega^2} \tag{B-23}$$

$$a_{e6}^j=-\frac{\mathrm{j}\omega}{\rho_p h_p ab}\sum_{n=1}^{\infty}\frac{k_n\sin(k_n y_0)\cos(k_n y_2)}{\bar{\omega}_{pmn}^2(1+\mathrm{j}\eta_p)-\omega^2} \tag{B-24}$$

加筋圆柱壳振动方程式(6-2)中系数矩阵 $\boldsymbol{B}$ 的相关项表达式如下：

$$b_{11}=b_{44}=\frac{\mathrm{j}\omega}{2\pi R\rho_s h_s L}\sum_{n=0}^{\infty}\frac{1}{\varepsilon_n[\bar{\omega}_{smn}^2(1+\mathrm{j}\eta_s)-\omega^2]} \tag{B-25}$$

$$b_{14}=b_{41}=\frac{\mathrm{j}\omega}{2\pi R\rho_s h_s L}\sum_{n=0}^{\infty}\frac{\cos n(\theta_1-\theta_2)}{\varepsilon_n[\bar{\omega}_{smn}^2(1+\mathrm{j}\eta_s)-\omega^2]} \tag{B-26}$$

$$b_{22}=b_{55}=\frac{\mathrm{j}\omega}{2\rho_s h_s R\pi L}\sum_{n=0}^{\infty}\frac{1}{\varepsilon_n[\bar{\omega}_{smn}^2(1+\mathrm{j}\eta_s)-\omega^2]} \tag{B-27}$$

$$b_{25}=b_{52}=\frac{\mathrm{j}\omega}{2\pi R\rho_s h_s L}\sum_{n=0}^{\infty}\frac{\cos n(\theta_1-\theta_2)}{\varepsilon_n[\bar{\omega}_{smn}^2(1+\mathrm{j}\eta_s)-\omega^2]} \tag{B-28}$$

$$b_{35}=-\frac{\mathrm{j}\omega}{2\pi R\rho_s h_s L}\sum_{n=0}^{\infty}\frac{n\sin n(\theta_2-\theta_1)}{\varepsilon_n[\bar{\omega}_{smn}^2(1+\mathrm{j}\eta_s)-\omega^2]} \tag{B-29}$$

$$b_{62}=-\frac{\mathrm{j}\omega}{2\pi R\rho_s h_s L}\sum_{n=0}^{\infty}\frac{n\sin n(\theta_1-\theta_2)}{\varepsilon_n[\bar{\omega}_{smn}^2(1+\mathrm{j}\eta_s)-\omega^2]} \tag{B-30}$$

$$b_{26}=-\frac{\mathrm{j}\omega}{2\pi R\rho_s h_s L}\sum_{n=0}^{\infty}\frac{n\sin n(\theta_2-\theta_1)}{\varepsilon_n[\bar{\omega}_{smn}^2(1+\mathrm{j}\eta_s)-\omega^2]} \tag{B-31}$$

$$b_{53}=-\frac{\mathrm{j}\omega}{2\pi R\rho_s h_s L}\sum_{n=0}^{\infty}\frac{n\sin n(\theta_1-\theta_2)}{\varepsilon_n[\bar{\omega}_{smn}^2(1+\mathrm{j}\eta_s)-\omega^2]} \tag{B-32}$$

$$b_{33}=b_{66}=\frac{\mathrm{j}\omega}{2\pi R\rho_s h_s L}\sum_{n=0}^{\infty}\frac{n^2}{\varepsilon_n[\bar{\omega}_{smn}^2(1+\mathrm{j}\eta_s)-\omega^2]} \tag{B-33}$$

$$b_{36}=b_{63}=\frac{\mathrm{j}\omega}{2\pi R\rho_s h_s L}\sum_{n=0}^{\infty}\frac{n^2\cos n(\theta_1-\theta_2)}{\varepsilon_n[\bar{\omega}_{smn}^2(1+\mathrm{j}\eta_s)-\omega^2]} \tag{B-34}$$

B.2 流体负载下加筋壳体导纳系数矩阵相关项表达式

振动方程式(6-12)中系数矩阵 $\boldsymbol{C}_{sb}$ 中各元素表达式如下：

$$c_{sb11}=\frac{\mathrm{j}\omega}{2\rho_{sw}h_{se}\pi R_s L_s}\sum_{n=1}^{\infty}\frac{1}{\varepsilon_q[\bar{\omega}_{sw,qn}^2(1+\mathrm{j}\eta_b)-\omega^2]} \tag{B-35}$$

$$c_{sb14}=c_{sb41}=\frac{\mathrm{j}\omega}{2\rho_{sw}h_{se}\pi R_s L_s}\sum_{n=1}^{\infty}\frac{\cos(k_n L_s)}{\varepsilon_q[\bar{\omega}_{sw,qn}^2(1+\mathrm{j}\eta_b)-\omega^2]} \tag{B-36}$$

$$c_{\text{sb}44} = \frac{\mathrm{j}\omega}{2\rho_{\text{sw}}h_{\text{se}}\pi R_s L_s} \sum_{n=1}^{\infty} \frac{\cos^2(k_n L_s)}{\varepsilon_q [\bar{\omega}_{\text{sw},qn}^2(1+\mathrm{j}\eta_b) - \omega^2]} \quad (\text{B}-37)$$

$$c_{\text{sb}22} = \frac{\mathrm{j}\omega}{2\rho_{\text{sw}}h_{\text{se}}\pi R_s L_s} \sum_{n=1}^{\infty} \frac{\sin^2(k_n x_{\text{sb}1})}{\varepsilon_q [\bar{\omega}_{\text{sw},qn}^2(1+\mathrm{j}\eta_b) - \omega^2]} \quad (\text{B}-38)$$

$$c_{\text{sb}25} = c_{\text{sb}52} = \frac{\mathrm{j}\omega}{2\rho_{\text{sw}}h_{\text{se}}\pi R_s L_s} \sum_{n=1}^{\infty} \frac{\sin(k_n x_{\text{sb}1})\sin(k_n x_{\text{sb}2})}{\varepsilon_q [\bar{\omega}_{\text{sw},qn}^2(1+\mathrm{j}\eta_b) - \omega^2]} \quad (\text{B}-39)$$

$$c_{\text{sb}55} = \frac{\mathrm{j}\omega}{2\rho_{\text{sw}}h_{\text{se}}\pi R_s L_s} \sum_{n=1}^{\infty} \frac{\sin^2(k_n x_{\text{sb}2})}{\varepsilon_q [\bar{\omega}_{\text{sw},qn}^2(1+\mathrm{j}\eta_b) - \omega^2]} \quad (\text{B}-40)$$

$$c_{\text{sb}32} = \frac{\mathrm{j}\omega}{2\rho_{\text{sw}}h_{\text{se}}\pi R_s L_s} \sum_{n=1}^{\infty} \frac{k_n \sin(k_n x_{\text{sb}1})\cos(k_n x_{\text{sb}1})}{\varepsilon_q [\bar{\omega}_{\text{sw},qn}^2(1+\mathrm{j}\eta_b) - \omega^2]} \quad (\text{B}-41)$$

$$c_{\text{sb}35} = \frac{\mathrm{j}\omega}{2\rho_{\text{sw}}h_{\text{se}}\pi R_s L_s} \sum_{n=1}^{\infty} \frac{k_n \cos(k_n x_{\text{sb}1})\sin(k_n x_{\text{sb}2})}{\varepsilon_q [\bar{\omega}_{\text{sw},qn}^2(1+\mathrm{j}\eta_b) - \omega^2]} \quad (\text{B}-42)$$

$$c_{\text{sb}62} = \frac{\mathrm{j}\omega}{2\rho_{\text{sw}}h_{\text{se}}\pi R_s L_s} \sum_{n=1}^{\infty} \frac{k_n \sin(k_n x_{\text{sb}1})\cos(k_n x_{\text{sb}2})}{\varepsilon_q [\bar{\omega}_{\text{sw},qn}^2(1+\mathrm{j}\eta_b) - \omega^2]} \quad (\text{B}-43)$$

$$c_{\text{sb}65} = \frac{\mathrm{j}\omega}{2\rho_{\text{sw}}h_{\text{se}}\pi R_s L_s} \sum_{n=1}^{\infty} \frac{k_n \sin(k_n x_{\text{sb}2})\cos(k_n x_{\text{sb}2})}{\varepsilon_q [\bar{\omega}_{\text{sw},qn}^2(1+\mathrm{j}\eta_b) - \omega^2]} \quad (\text{B}-44)$$

$$c_{\text{sb}33} = \frac{\mathrm{j}\omega}{2\rho_{\text{sw}}h_{\text{se}}\pi R_s L_s} \sum_{n=1}^{\infty} \frac{k_n^2 \cos^2(k_n x_{\text{sb}1})}{\varepsilon_q [\bar{\omega}_{\text{sw},qn}^2(1+\mathrm{j}\eta_b) - \omega^2]} \quad (\text{B}-45)$$

$$c_{\text{sb}36} = c_{\text{sb}63} = \frac{\mathrm{j}\omega}{2\rho_{\text{sw}}h_{\text{se}}\pi R_s L_s} \sum_{n=1}^{\infty} \frac{k_n^2 \cos(k_n x_{\text{sb}1})\cos(k_n x_{\text{sb}2})}{\varepsilon_q [\bar{\omega}_{\text{sw},qn}^2(1+\mathrm{j}\eta_b) - \omega^2]} \quad (\text{B}-46)$$

$$c_{\text{sb}66} = \frac{\mathrm{j}\omega}{2\rho_{\text{sw}}h_{\text{se}}\pi R_s L_s} \sum_{n=1}^{\infty} \frac{k_n^2 \cos^2(k_n x_{\text{sb}2})}{\varepsilon_q [\bar{\omega}_{\text{sw},qn}^2(1+\mathrm{j}\eta_b) - \omega^2]} \quad (\text{B}-47)$$

$$c_{\text{sb}23} = \frac{\mathrm{j}\omega}{2\rho_{\text{sw}}h_{\text{se}}\pi R_s L_s} \sum_{n=1}^{\infty} \frac{k_n \sin(k_n x_{\text{sb}1})\cos(k_n x_{\text{sb}1})}{\varepsilon_q [\bar{\omega}_{\text{sw},qn}^2(1+\mathrm{j}\eta_b) - \omega^2]} \quad (\text{B}-48)$$

$$c_{\text{sb}26} = \frac{\mathrm{j}\omega}{2\rho_{\text{sw}}h_{\text{se}}\pi R_s L_s} \sum_{n=1}^{\infty} \frac{k_n \sin(k_n x_{\text{sb}1})\cos(k_n x_{\text{sb}2})}{\varepsilon_q [\bar{\omega}_{\text{sw},qn}^2(1+\mathrm{j}\eta_b) - \omega^2]} \quad (\text{B}-49)$$

$$c_{\text{sb}53} = \frac{\mathrm{j}\omega}{2\rho_{\text{sw}}h_{\text{se}}\pi R_s L_s} \sum_{n=1}^{\infty} \frac{k_n \cos(k_n x_{\text{sb}1})\sin(k_n x_{\text{sb}2})}{\varepsilon_q [\bar{\omega}_{\text{sw},qn}^2(1+\mathrm{j}\eta_b) - \omega^2]} \quad (\text{B}-50)$$

$$c_{\text{sb}56} = \frac{\mathrm{j}\omega}{2\rho_{\text{sw}}h_{\text{se}}\pi R_s L_s} \sum_{n=1}^{\infty} \frac{k_n \cos(k_n x_{\text{sb}2})\sin(k_n x_{\text{sb}2})}{\varepsilon_q [\bar{\omega}_{\text{sw},qn}^2(1+\mathrm{j}\eta_b) - \omega^2]} \quad (\text{B}-51)$$

B.3 动力系统摆盘箱箱体机械导纳参数

振动方程式(7-7)中系数矩阵 $\boldsymbol{B}_{e1}$ 中各非零元素的表达式分别为

$$B_{e1(1,1)} = \sum_{i=1}^{3} \sum_{m=1}^{\infty} \frac{\sin(k_m x_b)\cos(k_m \xi_0)}{\rho h R^2 N_{imp}\tau_p [\omega_{imp}^2(1+\mathrm{j}\eta) - \omega^2]} \quad (\text{B}-52)$$

$$B_{e1(2,1)} = \sum_{i=1}^{3} \sum_{m=1}^{\infty} \frac{\sin(k_m x_b)\sin(k_m \xi_0)}{\rho h R^2 N_{imp}\tau_p [\omega_{imp}^2(1+\mathrm{j}\eta) - \omega^2]} \quad (\text{B}-53)$$

$$B_{e1(3,1)} = -\sum_{i=1}^{3} \sum_{m=1}^{\infty} \frac{k_m \sin(k_m x_b)\cos(k_m \xi_0)}{\rho h R^2 N_{imp}\tau_p [\omega_{imp}^2(1+\mathrm{j}\eta) - \omega^2]} \quad (\text{B}-54)$$

振动方程式(7-7)中系数矩阵 $\boldsymbol{B}_{11}$ 中非零元素的表达式分别为

$$B_{11(1,1)} = \sum_{i=1}^{3}\sum_{m=1}^{\infty} \frac{\cos^2(k_m\xi_0)}{\rho h R^2 N_{imp}\tau_p[\omega_{imp}^2(1+j\eta)-\omega^2]} \tag{B-55}$$

$$B_{11(1,2)} = \sum_{i=1}^{3}\sum_{m=1}^{\infty} \frac{\sin(k_m\xi_0)\cos(k_m\xi_0)}{\rho h R^2 N_{imp}\tau_p[\omega_{imp}^2(1+j\eta)-\omega^2]} \tag{B-56}$$

$$B_{11(1,3)} = -\sum_{i=1}^{3}\sum_{m=1}^{\infty} \frac{k_m\cos^2(k_m\xi_0)}{\rho h R^2 N_{imp}\tau_p[\omega_{imp}^2(1+j\eta)-\omega^2]} \tag{B-57}$$

$$B_{11(2,1)} = \sum_{i=1}^{3}\sum_{m=1}^{\infty} \frac{\cos(k_m\xi_0)\sin(k_m\xi_0)}{\rho h R^2 N_{imp}\tau_p[\omega_{imp}^2(1+j\eta)-\omega^2]} \tag{B-58}$$

$$B_{11(2,2)} = \sum_{i=1}^{3}\sum_{m=1}^{\infty} \frac{\sin^2(k_m\xi_0)}{\rho h R^2 N_{imp}\tau_p[\omega_{imp}^2(1+j\eta)-\omega^2]} \tag{B-59}$$

$$B_{11(2,3)} = -\sum_{i=1}^{3}\sum_{m=1}^{\infty} \frac{k_m\cos(k_m\xi_0)\sin(k_m\xi_0)}{\rho h R^2 N_{imp}\tau_p[\omega_{imp}^2(1+j\eta)-\omega^2]} \tag{B-60}$$

$$B_{11(3,1)} = -\sum_{i=1}^{3}\sum_{m=1}^{\infty} \frac{k_m\cos^2(k_m\xi_0)}{\rho h R^2 N_{imp}\tau_p[\omega_{imp}^2(1+j\eta)-\omega^2]} \tag{B-61}$$

$$B_{11(3,2)} = -\sum_{i=1}^{3}\sum_{m=1}^{\infty} \frac{k_m\cos(k_m\xi_0)\sin(k_m\xi_0)}{\rho h R^2 N_{imp}\tau_p[\omega_{imp}^2(1+j\eta)-\omega^2]} \tag{B-62}$$

$$B_{11(3,3)} = \sum_{i=1}^{3}\sum_{m=1}^{\infty} \frac{k_m^2\cos(k_m\xi_0)}{\rho h R^2 N_{imp}\tau_p[\omega_{imp}^2(1+j\eta)-\omega^2]} \tag{B-63}$$

振动方程式(7-7)中系数矩阵 $\boldsymbol{B}_{12}$ 中非零元素的表达式分别为

$$B_{12(1,1)} = \sum_{i=1}^{3}\sum_{m=1}^{\infty} \frac{\cos(k_m\xi_0)\cos(k_m\xi_L)}{\rho h R^2 N_{imp}\tau_p[\omega_{imp}^2(1+j\eta)-\omega^2]} \tag{B-64}$$

$$B_{12(1,2)} = \sum_{i=1}^{3}\sum_{m=1}^{\infty} \frac{\sin(k_m\xi_0)\cos(k_m\xi_L)}{\rho h R^2 N_{imp}\tau_p[\omega_{imp}^2(1+j\eta)-\omega^2]} \tag{B-65}$$

$$B_{12(1,3)} = -\sum_{i=1}^{3}\sum_{m=1}^{\infty} \frac{k_m\cos(k_m\xi_0)\cos(k_m\xi_L)}{\rho h R^2 N_{imp}\tau_p[\omega_{imp}^2(1+j\eta)-\omega^2]} \tag{B-66}$$

$$B_{12(2,1)} = \sum_{i=1}^{3}\sum_{m=1}^{\infty} \frac{\cos(k_m\xi_0)\sin(k_m\xi_L)}{\rho h R^2 N_{imp}\tau_p[\omega_{imp}^2(1+j\eta)-\omega^2]} \tag{B-67}$$

$$B_{12(2,2)} = \sum_{i=1}^{3}\sum_{m=1}^{\infty} \frac{\sin(k_m\xi_0)\sin(k_m\xi_L)}{\rho h R^2 N_{imp}\tau_p[\omega_{imp}^2(1+j\eta)-\omega^2]} \tag{B-68}$$

$$B_{12(2,3)} = -\sum_{i=1}^{3}\sum_{m=1}^{\infty} \frac{k_m\cos(k_m\xi_0)\sin(k_m\xi_L)}{\rho h R^2 N_{imp}\tau_p[\omega_{imp}^2(1+j\eta)-\omega^2]} \tag{B-69}$$

$$B_{12(3,1)} = -\sum_{i=1}^{3}\sum_{m=1}^{\infty} \frac{k_m\cos(k_m\xi_0)\cos(k_m\xi_L)}{\rho h R^2 N_{imp}\tau_p[\omega_{imp}^2(1+j\eta)-\omega^2]} \tag{B-70}$$

$$B_{12(3,2)} = -\sum_{i=1}^{3}\sum_{m=1}^{\infty} \frac{k_m\cos(k_m\xi_0)\sin(k_m\xi_L)}{\rho h R^2 N_{imp}\tau_p[\omega_{imp}^2(1+j\eta)-\omega^2]} \tag{B-71}$$

$$B_{12(3,3)} = \sum_{i=1}^{3}\sum_{m=1}^{\infty} \frac{k_m^2\cos(k_m\xi_0)\cos(k_m\xi_L)}{\rho h R^2 N_{imp}\tau_p[\omega_{imp}^2(1+j\eta)-\omega^2]} \tag{B-72}$$

振动方程式(7-7)中系数矩阵 $\boldsymbol{B}_{21}$ 中非零元素的表达式分别为

$$B_{21(1,1)} = \sum_{i=1}^{3}\sum_{m=1}^{\infty} \frac{\cos(k_m\xi_L)\cos(k_m\xi_0)}{\rho h R^2 N_{imp}\tau_p[\omega_{imp}^2(1+j\eta)-\omega^2]} \tag{B-73}$$

$$B_{21(1,2)} = \sum_{i=1}^{3}\sum_{m=1}^{\infty} \frac{\sin(k_m\xi_L)\cos(k_m\xi_0)}{\rho h R^2 N_{imp}\tau_p[\omega_{imp}^2(1+j\eta)-\omega^2]} \tag{B-74}$$

$$B_{21(1,3)} = -\sum_{i=1}^{3}\sum_{m=1}^{\infty} \frac{k_m\cos(k_m\xi_L)\cos(k_m\xi_0)}{\rho h R^2 N_{imp}\tau_p[\omega_{imp}^2(1+j\eta)-\omega^2]} \tag{B-75}$$

$$B_{21(2,1)} = \sum_{i=1}^{3}\sum_{m=1}^{\infty} \frac{\cos(k_m\xi_L)\sin(k_m\xi_0)}{\rho h R^2 N_{imp}\tau_p[\omega_{imp}^2(1+j\eta)-\omega^2]} \tag{B-76}$$

$$B_{21(2,2)} = \sum_{i=1}^{3}\sum_{m=1}^{\infty} \frac{\sin(k_m\xi_L)\sin(k_m\xi_0)}{\rho h R^2 N_{imp}\tau_p[\omega_{imp}^2(1+j\eta)-\omega^2]} \tag{B-77}$$

$$B_{21(2,3)} = -\sum_{i=1}^{3}\sum_{m=1}^{\infty} \frac{k_m\cos(k_m\xi_L)\sin(k_m\xi_0)}{\rho h R^2 N_{imp}\tau_p[\omega_{imp}^2(1+j\eta)-\omega^2]} \tag{B-78}$$

$$B_{21(3,1)} = -\sum_{i=1}^{3}\sum_{m=1}^{\infty} \frac{k_m\cos(k_m\xi_L)\cos(k_m\xi_0)}{\rho h R^2 N_{imp}\tau_p[\omega_{imp}^2(1+j\eta)-\omega^2]} \tag{B-79}$$

$$B_{21(3,2)} = -\sum_{i=1}^{3}\sum_{m=1}^{\infty} \frac{k_m\cos(k_m\xi_L)\sin(k_m\xi_0)}{\rho h R^2 N_{imp}\tau_p[\omega_{imp}^2(1+j\eta)-\omega^2]} \tag{B-80}$$

$$B_{21(3,3)} = \sum_{i=1}^{3}\sum_{m=1}^{\infty} \frac{k_m^2\cos(k_m\xi_L)\cos(k_m\xi_0)}{\rho h R^2 N_{imp}\tau_p[\omega_{imp}^2(1+j\eta)-\omega^2]} \tag{B-81}$$

振动方程式(7-7)中系数矩阵 $\boldsymbol{B}_{22}$ 中非零元素的表达式分别为

$$B_{22(1,1)} = \sum_{i=1}^{3}\sum_{m=1}^{\infty} \frac{\cos^2(k_m\xi_L)}{\rho h R^2 N_{imp}\tau_p[\omega_{imp}^2(1+j\eta)-\omega^2]} \tag{B-82}$$

$$B_{22(1,2)} = \sum_{i=1}^{3}\sum_{m=1}^{\infty} \frac{\sin(k_m\xi_L)\cos(k_m\xi_L)}{\rho h R^2 N_{imp}\tau_p[\omega_{imp}^2(1+j\eta)-\omega^2]} \tag{B-83}$$

$$B_{22(1,3)} = -\sum_{i=1}^{3}\sum_{m=1}^{\infty} \frac{k_m\cos^2(k_m\xi_L)}{\rho h R^2 N_{imp}\tau_p[\omega_{imp}^2(1+j\eta)-\omega^2]} \tag{B-84}$$

$$B_{22(2,1)} = \sum_{i=1}^{3}\sum_{m=1}^{\infty} \frac{\cos(k_m\xi_L)\sin(k_m\xi_L)}{\rho h R^2 N_{imp}\tau_p[\omega_{imp}^2(1+j\eta)-\omega^2]} \tag{B-85}$$

$$B_{22(2,2)} = \sum_{i=1}^{3}\sum_{m=1}^{\infty} \frac{\sin^2(k_m\xi_L)}{\rho h R^2 N_{imp}\tau_p[\omega_{imp}^2(1+j\eta)-\omega^2]} \tag{B-86}$$

$$B_{22(2,3)} = -\sum_{i=1}^{3}\sum_{m=1}^{\infty} \frac{k_m\cos(k_m\xi_L)\sin(k_m\xi_L)}{\rho h R^2 N_{imp}\tau_p[\omega_{imp}^2(1+j\eta)-\omega^2]} \tag{B-87}$$

$$B_{22(3,1)} = -\sum_{i=1}^{3}\sum_{m=1}^{\infty} \frac{k_m\cos^2(k_m\xi_L)}{\rho h R^2 N_{imp}\tau_p[\omega_{imp}^2(1+j\eta)-\omega^2]} \tag{B-88}$$

$$B_{22(3,2)} = -\sum_{i=1}^{3}\sum_{m=1}^{\infty} \frac{k_m\cos(k_m\xi_L)\sin(k_m\xi_L)}{\rho h R^2 N_{imp}\tau_p[\omega_{imp}^2(1+j\eta)-\omega^2]} \tag{B-89}$$

$$B_{22(3,3)} = \sum_{i=1}^{3}\sum_{m=1}^{\infty} \frac{k_m^2\cos^2(k_m\xi_L)}{\rho h R^2 N_{imp}\tau_p[\omega_{imp}^2(1+j\eta)-\omega^2]} \tag{B-90}$$

参 考 文 献

[1] Pierson H, Brevick J, Hubbard K. The effect of discrete viscous damping on the transverse vibration of beams[J]. Journal of Sound and Vibration, 2013, 332(18): 4045-4053.

[2] Alijani F, Amabili M. Theory and experiments for nonlinear vibrations of imperfect rectangular plates with free edges[J]. Journal of Sound and Vibration, 2013, 332(14): 3564-3588.

[3] Vijay P S, Sonti V R. Asymptotic expansions for the structural wavenumbers of isotropic and orthotropic fluid-filled circular cylindrical shells in the intermediate frequency range[J]. Journal of Sound and Vibration, 2013, 332(16): 3696-3705.

[4] Caresta M, Kessissoglou N J. Free vibrational characteristics of isotropic coupled cylindrical-conical shells[J]. Journal of Sound and Vibration, 2010, 329(6): 733-751.

[5] Sabri F, Lakis A A. Hybrid finite element method applied to supersonic flutter of an empty or partially liquid-filled truncated conical shell[J]. Journal of Sound and Vibration, 2010, 329(3): 302-316.

[6] Tornabene F, Viola E, Inman D J. 2-D differential quadrature solution for vibration analysis of functionally graded conical, cylindrical shell and annular plate structures[J]. Journal of Sound and Vibration, 2009, 328(3): 259-290.

[7] Hu J, Qiu Z, Su T. Axisymmetric vibrations of a viscous-fluid-filled piezoelectric spherical shell and the associated radiation of sound[J]. Journal of Sound and Vibration, 2011, 330(24): 5982-6005.

[8] Hosseini-Hashemi S, Fadaee M. On the free vibration of moderately thick spherical shell panel—A new exact closed-form procedure[J]. Journal of Sound and Vibration, 2011, 330(17): 4352-4367.

[9] Vergote K, Vanmaele C, Vandepitte D, et al. An efficient wave based approach for the time-harmonic vibration analysis of 3D plate assemblies[J]. Journal of Sound and Vibration, 2013, 332(8): 1930-1946.

[10] Meissner M. Analytical and numerical study of acoustic intensity field in irregularly shaped room[J]. Applied Acoustics, 2013, 74(5): 661-668.

[11] Amiri J V, Nikkhoo A, Davoodi M R, et al. Vibration analysis of a Mindlin elastic plate under a moving mass excitation by eigenfunction expansion method[J]. Thin-Walled Structures, 2013, 62: 53-64.

[12] 陈立群, 刘延柱. 振动力学发展历史概述[J]. 上海交通大学学报, 1997, 31(7): 132-136.

[13] Han S M, Benaroya H, Wei T. Dynamics of transversely vibrating beams using four engineering theories[J]. Journal of Sound and Vibration, 1999, 225(5): 935-988.

[14] Naguleswaran S. Transverse vibrations of an Euler-Bernoulli uniform beam carrying two particles in-span[J]. International Journal of Mechanical Sciences, 2001, 43(12): 2737-2752.

[15] Banerjee J. Free vibration of beams carrying spring-mass systems-A dynamic stiffness approach[J]. Computers & Structures, 2012, 104: 21-26.

[16] 肖和业, 盛美萍, 赵芝梅. 弹性边界条件下带有任意分布弹簧质量系统的梁自由振动的解析解[J]. 工程力学, 2012, 29(9): 318-323.

[17] Soedel W. Vibrations of shells and plates[M]. New York: CRC Press, 2004.

[18] Reissner E. The effect of transverse shear deformation on the bending of elastic plates[J]. Journal of Applied Mechanics-Transactions of the ASME, 1945, 12: 69-77.

[19] Mindlin R. Influence of rotary inertia and shear on flexural motions of isotropic elastic plates[J]. Journal of Applied Mechanics-Transactions of the ASME, 1951, 18: 31-38.

[20] Larsson D. In-plane modal testing of a free isotropic rectangular plate[J]. Experimental Mechanics,

1997, 37(3): 339-343.

[21] 王敏庆, 盛美萍, 孙进才. 板受力激励下加筋板结构振动功率流[J]. 声学学报, 1997, 22(4): 323-328.

[22] 王敏庆, 孙进才. 筋受力激励下加筋板结构振动功率流研究[J]. 西北工业大学学报, 1998, 16(2): 237-240.

[23] 周平, 赵德有. 带有加强筋的 Mindlin 板动态刚度阵法[J]. 振动与冲击, 2007, 26(6): 139-145.

[24] Mejdi A, Atalla N. Dynamic and acoustic response of bidirectionally stiffened plates with eccentric stiffeners subject to airborne and structure-borne excitations[J]. Journal of Sound and Vibration, 2010, 329(21): 4422-4439.

[25] Ranji A R, Hoseynabadi H R. A semi-analytical solution for forced vibrations response of rectangular orthotropic plates with various boundary conditions[J]. Journal of Mechanical Science and Technology, 2010, 24(1): 357-364.

[26] Mayr A, Gibbs B. Point and transfer mobility of point-connected ribbed plates[J]. Journal of Sound and Vibration, 2011, 330(20): 4798-4812.

[27] Luan Y, Ohlrich M, Jacobsen F. Improvements of the smearing technique for cross-stiffened thin rectangular plates[J]. Journal of Sound and Vibration, 2011, 330(17): 4274-4286.

[28] Kim C B, Cho H S, Beom H G. Exact solutions of in-plane natural vibration of a circular plate with outer edge restrained elastically[J]. Journal of Sound and Vibration, 2012, 331(9): 2173-2189.

[29] Lin T R. An analytical and experimental study of the vibration response of a clamped ribbed plate[J]. Journal of Sound and Vibration, 2012, 331(4): 902-913.

[30] 曹志远. 板壳振动理论[M]. 北京: 中国铁道出版社, 1989.

[31] Singh A, Muhammad T. Free in-plane vibration of isotropic non-rectangular plates[J]. Journal of Sound and Vibration, 2004, 273(1): 219-231.

[32] Seok J, Tiersten H, Scarton H. Free vibrations of rectangular cantilever plates. Part 1: out-of-plane motion[J]. Journal of Sound and Vibration, 2004, 271(1): 131-146.

[33] Seok J, Tiersten H, Scarton H. Free vibrations of rectangular cantilever plates. Part 2: in-plane motion[J]. Journal of Sound and Vibration, 2004, 271(1): 147-158.

[34] Love A E H. A treatise on the mathematical theory of elasticity[M]. Cambridge: Cambridge University Press, 2013.

[35] 骆东平, 张玉红. 环肋增强柱壳振动特性分析[J]. 中国造船, 1989(1): 66-77.

[36] 漆万鹏, 侯磊. 正交各向异性圆柱壳的轴对称和梁式振动分析[J]. 船舶力学, 2010, 14(8): 908-914.

[37] Liu B, Xing Y F, Qatu M S, et al. Exact characteristic equations for free vibrations of thin orthotropic circular cylindrical shells[J]. Composite Structures, 2012, 94(2): 484-493.

[38] Haddadpour H, Mahmoudkhani S, Navazi H. Free vibration analysis of functionally graded cylindrical shells including thermal effects[J]. Thin-Walled Structures, 2007, 45(6): 591-599.

[39] Civalek Ö. Numerical analysis of free vibrations of laminated composite conical and cylindrical shells: discrete singular convolution (DSC) approach[J]. Journal of Computational and Applied Mathematics, 2007, 205(1): 251-271.

[40] 李恩奇, 李道奎, 唐国金, 等. 约束层阻尼圆柱壳动力学分析[J]. 工程力学, 2008, 25(5): 6-11.

[41] Xiang Y, Yuan L, Huang Y, et al. A novel matrix method for coupled vibration and damping effect analyses of liquid-filled circular cylindrical shells with partially constrained layer damping under harmonic excitation[J]. Applied Mathematical Modelling, 2011, 35(5): 2209-2220.

[42] Amabili M. Nonlinear vibrations of laminated circular cylindrical shells: comparison of different shell

theories[J]. Composite Structures, 2011, 94(1): 207-220.

[43] Lang Z, Xuewu L. Buckling and vibration analysis of functionally graded magneto-electro-thermo-elastic circular cylindrical shells[J]. Applied Mathematical Modelling, 2013, 37(4): 2279-2292.

[44] Jin G, Xie X, Liu Z. The Haar wavelet method for free vibration analysis of functionally graded cylindrical shells based on the shear deformation theory[J]. Composite Structures, 2014, 108: 435-448.

[45] Junger M C. Vibrations of elastic shells in a fluid medium and the associated radiation of sound[J]. Journal of Applied Mechanics-Transactions of the ASME, 1952, 19(4): 439-445.

[46] Scott J. The free modes of propagation of an infinite fluid-loaded thin cylindrical shell[J]. Journal of Sound and Vibration, 1988, 125(2): 241-280.

[47] 谢官模. 环肋圆柱壳在流场中的动力响应和声辐射[D]. 武汉: 华中理工大学, 1994.

[48] 汤渭霖, 何兵蓉. 水中有限长加肋圆柱壳体振动和声辐射近似解析解[J]. 声学学报, 2001, 26(1): 1-5.

[49] 张琪昌, 费杰, 冯晶晶. 薄壁圆柱壳在流体脉动激励下的振动特性分析[J]. 振动与冲击, 2012, 31(15): 1-5.

[50] 李舜酩, 柳海龙. 航空发动机叶片弹性边界约束模型振动分析[J]. 机械设计与研究, 2008, 24(6): 60-63.

[51] 温华兵, 王国治, 江国和. 水下航行结构的建模与振动分析[J]. 华东船舶工业学院学报, 2001, 15(4): 11-14.

[52] 徐张明, 汪玉, 华宏星, 等. 船舶结构的建模及水下振动和辐射噪声的FEM/BEM计算[J]. 船舶力学, 2002, 6(4): 89-95.

[53] 彭旭, 骆东平. 船舶结构建模及水下振动和辐射噪声预报[J]. 噪声与振动控制, 2003, 23(6): 9-12.

[54] 陈伟华, 党建军, 刘剑钊. 水下高速航行器壳体振动特性分析[J]. 火力与指挥控制, 2010, 35(11): 109-112.

[55] 童宗鹏, 王国治. 舰艇结构水下振动和声辐射特性研究[J]. 华东船舶工业学院学报, 2003, 17(2): 18-22.

[56] 邹春平, 陈端石, 华宏星. 船舶水下辐射噪声特性研究[J]. 船舶力学, 2004, 8(1): 113-124.

[57] De Pasquale G. Experimental analysis of viscous and material damping in microstructures through the interferometric microscopy technique with climatic chamber[J]. Journal of Sound and Vibration, 2013, 332(18): 4103-4121.

[58] Askari E, Jeong K H, Amabili M. Hydroelastic vibration of circular plates immersed in a liquid-filled container with free surface[J]. Journal of Sound and Vibration, 2013, 332(12): 3064-3085.

[59] De Jong A, Bijl H, Hazir A, et al. Aeroacoustic simulation of slender partially covered cavities using a Lattice Boltzmann method[J]. Journal of Sound and Vibration, 2013, 332(7): 1687-1703.

[60] Lyon R H, Maidanik G. Power flow between linearly coupled oscillators[J]. The Journal of the Acoustical Society of America, 1962, 34(5): 623-639.

[61] Lyon R H. Statistical energy analysis of dynamical systems: theory and applications[M]. Cambridge: MIT Press, 1975.

[62] 孙进才, 王冲. 机械噪声控制原理[M]. 西安: 西北工业大学出版社, 1993.

[63] 孙进才. 统计能量分析(SEA)研究的新进展[J]. 自然科学进展: 国家重点实验室通讯, 1998, 8(2): 129-136.

[64] 廖庆斌, 李舜酩. 统计能量分析中的响应统计估计及其研究进展[J]. 力学进展, 2007, 37(3): 337-345.

[65] Fahy F J. Statistical energy analysis: a critical overview[J]. Philosophical Transactions of the Royal Society of London A: Mathematical, Physical and Engineering Sciences, 1994, 346(1681): 431-447.

[66] Maxit L, Guyader J L. Extension of SEA model to subsystems with non-uniform modal energy distribution[J]. Journal of Sound and Vibration, 2003, 265(2): 337-358.

[67] Totaro N, Guyader J L. SEA substructuring using cluster analysis: the MIR index[J]. Journal of Sound and Vibration, 2006, 290(1): 264-289.

[68] Maxit L, Guyader J L. Estimation of SEA coupling loss factors using a dual formulation and FEM modal information, part I: theory[J]. Journal of Sound and Vibration, 2001, 239(5): 907-930.

[69] Maxit L, Guyader J L. Estimation of sea coupling loss factors using a dual formulation and fem modal information, part ii: Numerical applications[J]. Journal of Sound and Vibration, 2001, 239(5): 931-948.

[70] Secgin A. Numerical determination of statistical energy analysis parameters of directly coupled composite plates using a modal-based approach[J]. Journal of Sound and Vibration, 2013, 332(2): 361-377.

[71] Shorter P J, Langley R. Vibro-acoustic analysis of complex systems[J]. Journal of Sound and Vibration, 2005, 288(3): 669-699.

[72] 张瑾, 韩增尧, 邹元杰. 中频力学环境下航天器结构动力学分析技术研究[J]. 航天器工程, 2009(5): 87-94.

[73] Nefske D, Sung S. Power flow finite element analysis of dynamic systems: basic theory and application to beams[J]. Journal of Vibration, Acoustics, Stress, and Reliability in Design, 1989, 111(1): 94-100.

[74] Bouthier O M, Bernhard R J. Simple models of the energetics of transversely vibrating plates[J]. Journal of Sound and Vibration, 1995, 182(1): 149-164.

[75] Bouthier O M, Bernhard R J. Models of space-averaged energetics of plates[J]. AIAA Journal, 1992, 30(3): 616-623.

[76] Firestone F A. The mobility method of computing the vibration of linear mechanical and acoustical systems: mechanical-electrical analogies[J]. Journal of Applied Physics, 1938, 9(6): 373-387.

[77] Molloy C T. Use of four-pole parameters in vibration calculations[J]. The Journal of the Acoustical Society of America, 1957, 29(7): 842-853.

[78] Rubin S. Transmission matrices for vibration ail their relation to admittance and impedance[J]. Journal of Engineering for Industry, 1964, 86(1): 9-21.

[79] Rubin S. Mechanical Immittance-and Transmission-Matrix Concepts[J]. The Journal of the Acoustical Society of America, 1967, 41(5): 1171-1179.

[80] 王文亮, 杜作润. 结构振动与动态子结构方法[M]. 上海: 复旦大学出版社, 1985.

[81] 吴仕超, 蔡国平. 刚架结构频域子结构法的实验研究[J]. 实验力学, 2011, 26(2): 196-201.

[82] 张蔚波, 于复生, 刘辉, 等. 导纳法与模态法结合的复杂系统功率流特性研究[J]. 现代制造工程, 2007(9): 6-8.

[83] Kang S, Lee J. Free vibration analysis of arbitrarily shaped plates with clamped edges using wave-type functions[J]. Journal of Sound and Vibration, 2001, 242(1): 9-26.

[84] Cuschieri J. Structural power-flow analysis using a mobility approach of an L-shaped plate[J]. The Journal of the Acoustical Society of America, 1990, 87(3): 1159-1165.

[85] Ming R, Pan J, Norton M. The mobility functions and their application in calculating power flow in coupled cylindrical shells[J]. The Journal of the Acoustical Society of America, 1999, 105(3): 1702-1713.

[86] Park D H, Hong S Y, Kil H G, et al. Power flow models and analysis of in-plane waves in finite

coupled thin plates[J]. Journal of Sound and Vibration, 2001, 244(4): 651 – 668.

[87] Li T, Zhang W, Liu T. Vibrational power flow analysis of damaged beam structures[J]. Journal of Sound and Vibration, 2001, 242(1): 59 – 68.

[88] O'Hara G. Mechanical impedance and mobility concepts[J]. The Journal of the Acoustical Society of America, 1967, 41(5): 1180 – 1184.

[89] Cuschieri J. Parametric analysis of the power flow on an L-shaped plate using a mobility power flow approach[J]. The Journal of the Acoustical Society of America, 1992, 91(5): 2686 – 2695.

[90] Cuschieri J, Mccollum M. In-plane and out-of-plane waves' power transmission through an L-plate junction using the mobility power flow approach[J]. The Journal of the Acoustical Society of America, 1996, 100(2): 857 – 870.

[91] Pavić G. Numerical study of vibration damping, energy and energy flow in a beam – plate system[J]. Journal of Sound and Vibration, 2006, 291(3): 902 – 931.

[92] Lee Y S, Choi M H. Free vibrations of circular cylindrical shells with an interior plate using the receptance method[J]. Journal of Sound and Vibration, 2001, 248(3): 477 – 497.

[93] 盛美萍, 王敏庆, 孙进才. 经典参数在多结构耦合系统统计能量分析中的应用[J]. 振动工程学报, 1998, 11(3): 281 – 290.

[94] 盛美萍, 孙进才, 王敏庆. 多点连接结构振动响应的均值导纳法预测[J]. 西北工业大学学报, 1999, 17(2): 171 – 175.

[95] 钱斌. 圆柱壳组合系统振动噪声的有效导纳功率流法研究[D]. 西安: 西北工业大学, 2002.

[96] 陈晓利, 盛美萍. 多加筋圆柱壳体振动特性的导纳法研究[J]. 振动与冲击, 2007, 26(4): 133 – 135.

[97] 杨阳, 盛美萍. 加筋圆柱壳机械导纳分频段计算方法[J]. 电声技术, 2012, 36(10): 58 – 62.

[98] 杨阳. 加筋板机械导纳分频段计算方法[J]. 噪声与振动控制, 2016, 36(3): 42 – 47.

[99] 赵芝梅. 艇体结构等效机械导纳特性及其应用研究[D]. 西安: 西北工业大学, 2013.

[100] 韩飞. 基于子结构导纳法的动力系统动态特性研究[D]. 西安: 西北工业大学, 2016.

[101] Li W L. Free vibrations of beams with general boundary conditions[J]. Journal of Sound and Vibration, 2000, 237(4): 709 – 725.

[102] Li W. Dynamic analysis of beams with arbitrary elastic supports at both ends[J]. Journal of Sound and Vibration, 2001, 246(4): 751 – 756.

[103] Li W L, Bonilha M W, Xiao J. Vibrations of two beams elastically coupled together at an arbitrary angle[J]. Acta Mechanica Solida Sinica, 2012, 25(1): 61 – 72.

[104] Du J, Li W L, Jin G, et al. An analytical method for the in-plane vibration analysis of rectangular plates with elastically restrained edges[J]. Journal of Sound and Vibration, 2007, 306(3): 908 – 927.

[105] 杜敬涛. 任意边界条件下结构振动封闭声场及其耦合系统建模方法研究[D]. 哈尔滨: 哈尔滨工程大学, 2009.

[106] 薛开, 王久法, 王威远, 等. 耦合板在任意弹性边界条件下的自由振动分析[J]. 振动与冲击, 2013, 32(22): 178 – 182.

[107] 马旭, 杜敬涛, 杨铁军, 等. 基于波传播方法的边界条件对圆柱壳振动特性的影响分析[J]. 振动工程学报, 2009, 22(6): 608 – 613.

[108] 史冬岩, 石先杰, 李文龙. 任意边界条件下环扇形板面内振动特性分析[J]. 振动工程学报, 2014, 27(1): 1 – 8.

[109] 史冬岩, 孔令成, 石先杰, 等. T 型耦合板结构振动特性研究[J]. 振动与冲击, 2014, 33(4): 185 – 189.

[110] 史冬岩, 王青山, 石先杰, 等. 任意边界条件下正交各向异性薄板自由振动特性分析[J]. 上海交通大

学学报,2014,48(3):434-438.

[111] Chen Y, Jin G, Liu Z. Free vibration analysis of circular cylindrical shell with non-uniform elastic boundary constraints[J]. International Journal of Mechanical Sciences, 2013, 74: 120-132.

[112] 张安付,盛美萍,赵芝梅,等. 基于傅里叶级数展开的多跨耦合板功率流研究[J]. 振动与冲击, 2013, 32(14): 103-108.

[113] Wang Z, Xing J, Price W. An investigation of power flow characteristics of L-shaped plates adopting a substructure approach[J]. Journal of Sound and Vibration, 2002, 250(4): 627-648.

[114] Wang Z, Xing J, Price W. A study of power flow in a coupled plate-cylindrical shell system[J]. Journal of Sound and Vibration, 2004, 271(3): 863-882.

[115] Petersson B, Plunt J. On effective mobilities in the prediction of structure-borne sound transmission between a source structure and a receiving structure, part I: theoretical background and basic experimental studies[J]. Journal of Sound and Vibration, 1982, 82(4): 517-529.

[116] Petersson B, Plunt J. On effective mobilities in the prediction of structure-borne sound transmission between a source structure and a receiving structure, part II: Procedures for the estimation of mobilities[J]. Journal of Sound and Vibration, 1982, 82(4): 531-540.

[117] Hammer P, Petersson B. Strip excitation, part I: strip mobility[J]. Journal of Sound and Vibration, 1989, 129(1): 119-132.

[118] Hammer P, Petersson B. Strip excitation, part II: Upper and lower bounds for the power transmission[J]. Journal of Sound and Vibration, 1989, 129(1): 133-142.

[119] Petersson B, Hammer P. Strip excitation of slender beams[J]. Journal of Sound and Vibration, 1991, 150(2): 217-232.

[120] Dai J, Lai J, Williamson H M, et al. Investigation of vibration power transmission over a rectangular excitation area using effective point mobility[J]. Journal of Sound and Vibration, 1999, 225(5): 831-844.

[121] Dai J, Lai J, Li Y, et al. Surface mobility over a square contact area of an infinite plate: experimental measurements and numerical prediction[J]. Applied Acoustics, 2000, 60(1): 81-93.

[122] Dai J, Lai J C. Experimental measurement of surface mobility over a rectangular contact area subject to a uniform conphase velocity excitation[J]. Applied Acoustics, 2001, 62(7): 867-874.

[123] Dai J, Lai J. Vibration power transmission over a rectangular area of an infinite plate subject to uniform conphase velocity excitation[J]. Journal of Sound and Vibration, 2002, 257(2): 265-282.

[124] 钱斌,杨世兴,李志舜. 有效线导纳的仿真研究[J]. 声学学报, 2004, 29(2): 137-142.

[125] 赵芝梅,王敏庆. 板壳结构振动功率流的子结构线导纳法研究[J]. 工程力学, 2012, 29(8): 297-301.

[126] 李伟,仪垂杰. 梁板结构功率流的导纳法研究[J]. 西安交通大学学报, 1995, 29(7): 29-35.

[127] Sheng M, Wang M, Sun J. Effective internal loss factors and coupling loss factors for non-conservatively coupled systems[J]. Journal of Sound and Vibration, 1998, 209(4): 685-694.

[128] Xiong Y, Xing J, Price W. Power flow analysis of complex coupled systems by progressive approaches[J]. Journal of Sound and Vibration, 2001, 239(2): 275-295.

[129] 毛映红,林立. 连续隔振浮筏系统功率流研究[J]. 声学学报, 2001, 26(3): 272-276.

[130] 仪垂杰. 功率流理论及其在装甲车减振降噪中的应用[D]. 西安:西安交通大学, 1994.

[131] 王敏庆. 非保守耦合系统的统计功率流理论及其应用[D]. 西安:西北工业大学, 1997.

[132] Villot M, Chanut J. Vibrational energy analysis of ground/structure interaction in terms of wave type[J]. Journal of Sound and Vibration, 2000, 231(3): 711-719.

[133] 盛美萍. 复杂耦合系统的统计能量分析及其应用[J]. 中国工程科学, 2002, 4(6): 77-84.

[134] Lyon R H. 机器噪声和诊断学[M]. 盛元生, 顾伟豪, 刘岚, 译. 北京: 科学出版社, 1989.

[135] Kessissoglou N J. Power transmission in L-shaped plates including flexural and in-plane vibration[J]. The Journal of the Acoustical Society of America, 2004, 115(3): 1157-1169.

[136] Fahy F J. Sound and structural vibration: radiation, transmission and response[M]. New York: Academic Press, 2012.

[137] Maxit L. Wavenumber space and physical space responses of a periodically ribbed plate to a point drive: A discrete approach[J]. Applied Acoustics, 2009, 70(4): 563-578.

[138] 何祚镛. 结构振动与声辐射[M]. 哈尔滨: 哈尔滨工程大学出版社, 2001.

[139] 阿·斯·尼基福罗夫. 船体结构声学设计[M]. 谢信, 王轲, 译. 北京: 国防工业出版社, 1998.

[140] Yan J, Li T Y, Liu T G, et al. Characteristics of the vibrational power flow propagation in a submerged periodic ring-stiffened cylindrical shell[J]. Applied Acoustics, 2006, 67(6): 550-569.

[141] Guo Y P. Acoustic radiation from cylindrical shells due to internal forcing[J]. Journal of the Acoustical Society of America, 1996, 99(3): 1495-1505.

[142] Laulagnet B, Guyader J L. Modal analysis of a shell's acoustic radiation in light and heavy fluids[J]. Journal of Sound and Vibration, 1989, 131(3): 397-415.

[143] Skelton E A. Line force receptance of an elastic cylindrical shell with heavy exterior fluid loading[J]. Journal of Sound and Vibration, 2002, 256(1): 131-153.

[144] Li W L. Vibration analysis of rectangular plates with general elastic boundary supports[J]. Journal of Sound and Vibration, 2004, 273(3): 619-635.

[145] Li W, Zhang X, Du J, et al. An exact series solution for the transverse vibration of rectangular plates with general elastic boundary supports[J]. Journal of Sound and Vibration, 2009, 321(1): 254-269.

[146] Dozio L, Ricciardi M. Free vibration analysis of ribbed plates by a combined analytical-numerical method[J]. Journal of Sound and Vibration, 2009, 319(1): 681-697.

[147] 龙述尧, 姜琛. 中厚板理论的适用范围和精确程度的研究[J]. 湖南大学学报: 自然科学版, 2012, 39(1): 37-41.

[148] 高爱军. 基于四端参数分析法的鱼雷动力隔振技术研究[J]. 鱼雷技术, 2007, 15(1): 29-32.

[149] Goyder H, White R. Vibrational power flow from machines into built-up structures, part I: introduction and approximate analyses of beam and plate-like foundations[J]. Journal of Sound and Vibration, 1980, 68(1): 59-75.

[150] 柴华奇. 壳板结构的导纳功率流理论及实验研究[D]. 西安: 西北工业大学, 1996.

[151] 王敏庆, 盛美萍, 孙进才, 等. 板受力激励下加筋板结构振动功率流[J]. 声学学报, 1997(4): 323-328.